新时代大学生精准思想政治教育研究

谷照亮 著

中国文史出版社
CHINA CULTURAL AND HISTORICAL PRESS

图书在版编目（CIP）数据

新时代大学生精准思想政治教育研究 / 谷照亮著 .
-- 北京 : 中国文史出版社 , 2022.6
ISBN 978-7-5205-3544-1

Ⅰ . ①新… Ⅱ . ①谷… Ⅲ . ①大学生 – 思想政治教育
– 研究 – 中国 Ⅳ . ① G641

中国版本图书馆 CIP 数据核字（2022）第 094791 号

责任编辑： 戴小璇

出版发行： 中国文史出版社
社　　址： 北京市海淀区西八里庄 69 号院　**邮编：** 100142
电　　话： 010–81136606　81136602　81136603（发行部）
传　　真： 010–81136655
印　　装： 廊坊市海涛印刷有限公司
经　　销： 全国新华书店
开　　本： 1/16
印　　张： 13.75
字　　数： 182 千字
版　　次： 2022 年 6 月北京第 1 版
印　　次： 2022 年 6 月第 1 次印刷
定　　价： 48.00 元

前言

“把握师生思想特点和发展需求，注重理论教育和实践活动相结合、普遍要求和分类指导相结合，提高工作科学化精细化水平。”这是中共中央、国务院印发《关于加强和改进新形势下高校思想政治工作的意见》里最为引人关注的表述。为了加快贯彻落实，教育部颁布了《高校思想政治工作质量提升工程实施纲要》，其中“加强问题导向，注重精准施策，聚焦重点任务、重点人群、重点领域、重点区域、薄弱环节”，“加强分类指导、着力因材施教”这样的表述促使我们这些高校思政教育的领导者、从教者及研究者需要重新审视自己以往的工作，需要重新思考未来思政工作的发展趋势。

在审视传统思政的工作中，我们首先发现了思政教育环境复杂化的发展态势。随着网络技术的发展，全媒体平台的出现，多样化、碎片化的网络意识形态，对现有的高校思政教育体系产生了巨大的冲击。不只是现有思政教育的内容，就连现有的思政教育形式也不能满足思政育人的需求。“大水漫灌式”的教育模式固然有其优势，但有针对性、亲和力的教育则更具活力。特别是大数据、人工智能区块链融入后的思政教育，在为我们发现传统思政教育存在供需失衡弊端的同时，也为精准思政的诞生与发展提供了可能。于是在发现传统思政教育这种弊端之时，在感受到信息技术迅猛发展之际，在网络对大学生的影响不断加深之后，我们必须思考如何改革思政教育的系列问题。其次，在审视目前有关高校的思政教育实践与研究的过程中，我们发现了“精准思政”研究热点的出现。在各主流期刊所刊发的思政教育研究文献里，“精准思政”绝对堪称是一个研究热点。“精准思政”之所以备受众人瞩目，其原因有三：一是在“精准思政”的研究中，大数据与人工智能等已成为影响大学生思政实践的重要因素。大数据和人工智能不仅加速了现有思政育人理念的完善与更新，更涉及了大学生思政教育现有模式的突破与构建。在精准思维、协同育人理念的参与下，传统的育人模式已不得不面对新的挑战了。二是改变了大学生思政教育的现有实践。思政理论的完善势必会引发思政实践的变化。于是，以跨界融合、混搭渗透、智能驱动为特征的思政实践为新时代思想政治教育创新发展提供了新的发展思路。三是作为新热点而存在的“精准思政”的理念还有待深入与完善。虽然有研究者对“精准思政”的内涵与生成机制进行过详细的论述并取得了广泛的认可，但随着精准思政教育实践的深入，与之相关的理论还有待深化。对“精准思政教育”内涵的明确仅仅是研究的开始，实践的发端。理论在指导实践的过程中还会被实践所深化，这是客观的事实。这就有如“课程思政”理念的诞生与发展一样，随着育人实践的深入，现在的“课程思政”已非当初的“课程思政”了。不仅构建起了自己完备的理论体系，而且还被赋予了多种多样的实践形式。“精准思政”的实践还有许多问题亟待我们解决。任何一个育人理论价值的彰显都是在其被付诸实践之后完成的，“精准思政”也不例外。精准课程思政育人实践的构成要素有哪些？精准思政需要什么样的教学资源与之匹配？精准思政的效果如何评估以及精准思政课程实践的方案应该如何设计？这些能够历数及暂时还没有被发现与列举的诸多问题，都需要在我们的关注中得到逐一而又圆满的解决。故而在这样的教学情境里，我产生了本次写作的初衷。

本书共分十个部分。现把各个部分的主要内容简介如下。

前言。其主要内容是对本次写作缘由的简单介绍，其中包括对目前大学生思政教育背景的简要总结与精准思政教育需要完善问题的分析。

第一章是对本书写作缘由的说明。写作缘由的说明也是对精准思政教育研究的意义与价值的介绍。精准思政教育的价值是在满足“需求”中得到体现的。其中包括大学生思政课程改革需求的满足、对任课教师参与教研需求的满足以及对大学生成长需求的满足和国家育人需求的满足等。

第二章是对“大学生精准思政教育的现状分析及问题”的总结。“精准思政教育”的现状总结主要是从理论与实践两个层面进行的。与之对应，现存的问题也要从理论与实践两个方面分析。

第三章是对“大学生精准思政教育的理论准备”的说明。精准思政教育是一项具体的育人实践，它的展开与评价均需要一定的理论指导，故而本章对思政课程、因材施教、协同育人的理论及其整合式的运用问题进行了理性的说明。

第四章是对“大学生精准思政教育的构成要素”的说明。其中包括“精准思政教育的识别”“精准思政教育的供给”“精准思政教育的管理”“精准思政教育的优化”等核心问题。如果说第三章侧重于从逻辑内涵上对“精准思政教育”进行说明，那么本章则是从逻辑外延上对“精准思政教育”的列举式说明。

第五章是对“大学生精准思政教育的资源开发”的说明。精准思政教育需要教学资源的支撑，因而就衍生出如何开发教学资源的问题。其中包括理论资源、方法资源、案例资源以及实践资源等。

第六章是对“精准思政教育理论指导下的积极实施”。重点探讨的问题有四：精准思政教育途径的拓展、精准思政教育模式的构建、精准思政教育成果的共享、精准思政教育经验的传承。

第七章是对“大学生精准思政教育的效果评估”相关问题的探讨。其中包括对精准思政教育评估标准的制定、评估方式的选择、评估过程的开展及评估结果的运用等。

第八章是对“大学生精准思政教育的方案设计”的分析。主要有针对专科生的精准思政教育方案、对本科生的精准思政教育方案、对硕士研究生的精准思政教育方案以及对博士生的精准思政教育方案的设计。

结论。

精准课程思政是提升大学生思政教育效果的重要举措。它对提升大学生的思政素养，实现由“大水漫灌”向“精准滴灌”的转变，促进大学生思政教育的时间性、针对性，改革思政教育的供需关系，实现思政教育与学科教育的协同都有重要的作用。

目录

CONTENTS

第一章
基于需求的写作缘起

任何一项研究都是在需求的刺激下产生并发展起来的。作为一项教育实践，大学生精准思政教育的诞生可从施教者的层面和学生成长的层面进行分析。从教育的层面分析，大学生精准思政教育是在教研需求与课改需求的刺激下产生的；从学生角度讲，精准思政是在学生成长需求下诞生的。

第一节　课改需求

育人指导思政的完善与更新势必导致我们育人实践的改革与完善。基于这样的事实，我们可以说：课程改革永远在路上。“新时期大学生的精准思政教育”理论的研究与实践的开展是课程改革的必然需求。（以后“精准思政教育”简称“精准思政”）

一、精准思政是课改的主要目标

从某种程度上讲，“精准思政”其实是一种教学理念。如果说“思政课程”到“课程思政”的教学改革是侧重于对传统思政教学途径的转变，那么“精准思政”则是在此基础上，对“大水漫灌”式的思政教育理念进一步的纠正与完善，故而成了课改的主要目标。

（一）精准思政是课改的聚焦点

大学生的思政教育应是非常讲究育人效率的教学实践。无论是课程思政还是思政课程以及精准思政实践都是如此。但三者相比，精准思政是目前最为关注的焦点。

首先，精准思政是满足大学育人的最佳理论选择。大学生的学习时间是有限的。从本科生的角度讲，他们在校的学习仅有短短的四年时间。在这短短的四年时间里，除了接受必要的思政教育，他们还要学习专业课知识。因而，若无高效的育人实践，高校的思政教育是完不成育人任务的。指导大学生思政教育主要的纲领性文件是《关于进一步加强和改进大学生思想政治教育的意见》。该“意见”中针对大学生的主要教学任务有如下之多：

一是以理想信念教育为核心；二是以爱国主义教育为重点，深入弘扬和培育民族精神教育；三是以基本道德规范为基础，深入进行公民道德教育；四是以大学生全面发展为目标，深入进行素质教育，促进大学生思想道德素质、科学文化素质和健康素质协调发展、引导学生勤于学习、善于创造、甘于奉献，成为有理想、有道德、有文化、有纪律的社会主义新人。[①] 若要在有限的四年完成上述育人教育，没有理想的教学效率，那将是一件不可能的事情。仅以“爱国主义教育”为例，在其教学之前，需要任课老师拥有丰富的教学资源，需要知晓如何选择最恰当的教育方法，需要明白如何评价自己的育人效果，能够反思教育中存在的问题。只有我们找到了解决上述这些问题的方法，我们的教学效率才能得到提升。从另一个层面上讲，这就是“精准思政”研究的重点。因而说，精准思政是满足新时期大学思政实践的最佳途径。

其次，精准思政是满足新时期大学育人实践方式的必然选择。“精准思政”是一种育人理念，也是一种全新的育人实践。面对新时期的育人任务，精准思政势必成为全国高校育人实践的最佳实践方式。如果说“社会、家庭、学校、网络”协同育人方式的选择侧重于宏观层面上的总结，那么从微观层面上看，精准思政一定会成为未来育人实践的最佳方式。因而精准思政成为众人的聚集点也就在情理之中，意料之内了。

（二）精准思政渗透课改的全部

精准思政不只是影响到课改的指导思想，而且它还渗透到全部的课改实践里。课改的实践主要包括育人思路的设计、途径的拓展、效果的评价等。在这些实践环节里，每一处都可以发现“精准思政”的身影。

首先，精准思政渗透到育人实践的设计中。运用社会焦点案例可以激发学生的讨论热情，而讨论的效果又关系到学生对知识的学习，影响到最终的育人效果。比如，为了讲解“校园霸凌”的问题，我们以“中飞院学姐霸凌学妹”这则新闻为案例。为了以其为媒介讲清预防校园霸凌的对策，明确校

① 新华网：http：//news.cri.cn/gb/3821/2004/10/15/1329@328780.htm.

园霸凌的危害，处理校园霸凌的方法，我们选择了这则案例。因为从“精准思政”的角度看，这是精准的案例选择。

其次，选择案例只是教学的开始，而在教学的实践中，还要思考如何把其讲清的问题。为此，我们要设计引导学生知晓“中飞院学姐霸凌学妹”来龙去脉的教学过程。在教学中，我们是借助翻转课堂的改革思路来实现的。为了让学生明确校园霸凌的危害，我们运用讨论法，分析了这件事对当事人的影响及其对未参与者的警示，从而使学生警惕校园霸凌的危害性——从精准思政的层面上分析，这是精准施教的表现。

再次，精准思政，不只是精准的案例选择、精准的教学设计，它还包括精准的效果评价。教学效果的评价，涉及三个层面上的内容：一是教的效果；二是学的效果；三是教与学的整合效果。在这三个内容之中，对于教的效果，老师们的课后反思就是一种简单易行且相对精准的评价方式。

因此，根据上述的分析可知，精准思政是课改的指导理念，更是渗透其全部育人环节的实践设计。

第二节 教研需求

精准思政是一个新的教研需求——这一观点的诞生，我们有如下充足的理由可以作为支撑。

一、亟待深化的教研课题：精准思政

尽管作为对传统育人改革而存在的“精准思政”早已出现在大学思政教育的研究领域之中了，但对“精准思政”的相关研究却还亟待深化。

首先，精准思政是在发现现有育人体系弊端的前提下诞生的新理念。任何一种育人体系都会有其自身的弊端，这是一个不争的事实。就如我们在发现传统育人体系的“大水漫灌”式的育人实践不能满足社会需求后，我们开始探讨以“精准思政”为特点的协同育人实践一样，精准思政的出现有其必然性。当我们发现“课程思政”育人实践，在育人效率上存在不尽如人意的弊端后，我们提出了“精准思政”的教学理念。在“思政”内容不变的前提下，“精准”的强调更利于提升我们的育人效果。

其次，“精准思政”的基本问题还有待于深入探讨。“精准思政”被付诸实践应该始于我们对其内涵的精准认识，始自对其外延实践形式的把握。然而，无论是对“精准思政”内涵的界定，还是对其外延的把握，都还有许多不尽如人意的地方。如何理解“精准思政”之“精准”的内涵，怎样去明确“思政”与“精准”的关系，这似乎还是理论界深入探讨的话题。从“精准思政”的外延上看，什么样的育人实践最能体现“精准思政”的育人特点，这恐怕是目前不太容易讲清楚的问题。因此说，在思政教学里，没有最好的育人实践，只有更好的育人过程。可惜的是，什么样的育人途径才是精准思政的最终选择呢？目前对此还尚无定论。

二、有待完善的教研课题：精准思政

如果说，上述的“亟待深化”之说侧重于从理论的角度探讨“精准思政”研究的不完善，那么此处的探讨则侧重于从实践的层面上分析精准思政相对不完善的地方。

精准思政理论指导下的育人实践，只有在与传统育人实践的完美结合中才能彰显自身的优势。整合就是互补，互补就是“取长补短”。“取长补短”的言外之意就是教改实践形式上的彼此互补，尤其是与课程思政实践的互补。因此，实践上的完善其实就是思政课程育人中的精准思政实践与课程思政中的精准思政。

首先，思政课程育人实践里的精准思政。比如，《实践哲学》是一门理论性极强的思政课程，如何利用其专业知识向学生进行思政教育呢？不同的人有不同的选择。为了在专业知识的传授中完成引导学生明确马克思主义哲学先进性的了解，有研究者把马克思与黑格尔两人对于“否定”概念的论述进行了对比，并从中得出了“马克思正是在破解黑格尔哲学的内容与体系的深刻矛盾中走出了思辨哲学的牢笼，创造了实践哲学的传统”。[①] 专业课里的育人要在专业知识的对比中完成，这或许就是引文给我们的启示。实践哲学理论的诞生不只体现在对“否定”的理解上，还体现在马克思对“实践”的理解上。

如何理解马克思主义理论体系中的“实践”，也是我们明确其先进性的前提。马克思的实践是由物质生产、再生产、人自身的生产、社会关系、意识等五个方面的因素相互交织而组成的有机整体。然而这五个方面因素的地位却是不同的，物质生产处于基础的地位。如何才能讲清这一事实呢？引入丰富专业资源通常是专业课教师的必然选择。那么，《1844年经济学哲学手稿》《1857—1858年经济学手稿》等经典教学资源都是必不可少的素材。然而，涉及马克思对“实践”讲解的资料并不止上述两类资源。而之所以选

① 何萍．黑格尔的否定概念与马克思的否定概念——从精神现象学到实践哲学［J］．天津社会科学，2021（05）：69—78+198.

择上述两类资源，那完全是出于我们“精准”思政的需要。

其次，思政课程育人实践里的精准思政。每一个学科都拥有不同的育人资源，但哪些资源能够满足哪些育人需求，或者说哪些资源能够在单位时间内起到最佳的育人效果——这就是精准思政研究的话题。例如，在现当代作品赏析的课堂上，为了培育学生以“和谐”为主要内容的社会主义核心价值观，任课教师选择的媒介多是鲁迅的《故乡》一文。在这篇小说的教学史上，《故乡》的主题曾有“轮回”说、“人际关系”说等多种主题教学论的存在。特别是后者，就是老师们选择其作为讲解“和谐”价值观的缘由。

为了表现人际关系出现了问题，鲁迅首先描绘“我”和杨二嫂之间的不和谐关系。原文如下：

语段 1

“哈！这模样了！胡子这么长了！”一种尖利的怪声突然大叫起来。

我吃了一吓，赶忙抬起头，却见一个凸颧骨，薄嘴唇，五十岁上下的女人站在我面前，两手搭在髀间，没有系裙，张着两脚，正像一个画图仪器里细脚伶仃的圆规。

我愕然了。

“不认识了么？我还抱过你咧！”

我愈加愕然了。幸而我的母亲也就进来，从旁说：

“他多年出门，统忘却了。你该记得罢，”便向着我说，“这是斜对门的杨二嫂，……开豆腐店的。”

哦，我记得了。我孩子时候，在斜对门的豆腐店里确乎终日坐着一个杨二嫂，人都叫伊“豆腐西施”。但是擦着白粉，颧骨没有这么高，嘴唇也没有这么薄，而且终日坐着，我也从没有见过这圆规式的姿势。那时人说：因为伊，这豆腐店的买卖非常好。但这大约因为年龄的关系，我却并未蒙着一毫感化，所以竟完全忘却了。然而圆规很不平，显出鄙夷的神色，仿佛嗤笑法国人不知道拿破仑，美国人不知道华盛顿似的，冷笑说：

“忘了？这真是贵人眼高……”

“那有这事……我……”我惶恐着，站起来说。

“那么，我对你说。迅哥儿，你阔了，搬动又笨重，你还要什么这些破烂木器，让我拿去罢。我们小户人家，用得着。”

“我并没有阔哩。我须卖了这些，再去……”

“阿呀呀，你放了道台了，还说不阔？你现在有三房姨太太；出门便是八抬的大轿，还说不阔？吓，什么都瞒不过我。”

我知道无话可说了，便闭了口，默默的站着。“阿呀阿呀，真是愈有钱，便愈是一毫不肯放松，愈是一毫不肯放松，便愈有钱……”圆规一面愤愤的回转身，一面絮絮的说，慢慢向外走，顺便将我母亲的一副手套塞在裤腰里，出去了。

语段 2

……我和母亲也都有些惘然，于是又提起闰土来。母亲说，那豆腐西施的杨二嫂，自从我家收拾行李以来，本是每日必到的，前天伊在灰堆里，掏出十多个碗碟来，议论之后，便定说是闰土埋着的，他可以在运灰的时候，一齐搬回家里去；杨二嫂发见了这件事，自己很以为功，便拿了那狗气杀（这是我们这里养鸡的器具，木盘上面有着栅栏，内盛食料，鸡可以伸进颈子去啄，狗却不能，只能看着气死），飞也似的跑了，亏伊装着这么高底的小脚，竟跑得这样快。①

第一个语段被作者用以表现“我”和杨二嫂之间的不和谐关系。杨二嫂的话语颇有让人感觉到意在拉近人际关系的意图。特别是那一句“我还抱过你咧！”的表达，更能掩盖真实的人际关系。可是当豆腐西施发现“我”并未蒙着一毫感化，甚至竟完全忘却了的时候，她的真实面目才展现在读者的

① 鲁迅．呐喊［M］．北京：中国友谊出版公司，2017：123.

眼前。一阵刻薄的语言羞辱之后，鄙夷的神色、嗤笑的表情，配合着愤愤的转身，把母亲的一副手套塞在腰间走了。直至此处，读者才发现“我”与杨二嫂的关系并不是和谐的。

第二个语段，表现的是杨二嫂与闰土之间的不和谐。闰土与杨二嫂本应是风马牛不相及的两个人物，他们之间本无任何情感上的瓜葛，但杨二嫂却要栽赃、诬蔑老实而又淳朴的闰土。

“我”原本与闰土的关系是十分和谐的。即使是初识的过程，“我们”也在不到半日就彼此熟识了。难忘的雪地捕鸟，聊不完的看瓜，都是我们关系和谐的象征。可是随着时间的变迁，当“我”再次回到故乡，见到久别的闰土时，闰土的一句“老爷”让我们满腹的话语无从说起。原文对此有这样的描述：

“阿！闰土哥，——你来了？……”

我接着便有许多话，想要连珠一般涌出：角鸡，跳鱼儿，贝壳，猹，……但又总觉得被什么挡着似的，单在脑里面回旋，吐不出口外去。

他站住了，脸上现出欢喜和凄凉的神情；动着嘴唇，却没有作声。他的态度终于恭敬起来了，分明的叫道：

“老爷！……”

我似乎打了一个寒噤；我就知道，我们之间已经隔了一层可悲的厚障壁了。我也说不出话。

细读这段话可知，“我”与闰土之间的关系也不像先前那样和谐了。否则，闰土也不会否定“我”对他的称呼“闰土哥”，同时，面对闰土的那一句“老爷”，“我”也不会有“厚障壁”之感。

在《故乡》这篇小说里，杨二嫂代表着经商者那一类人；闰土代表的是纯朴的农民；“我”是先进知识分子的代表，故而鲁迅对众人之间不和谐人际关系的描述，显然是在呼唤一种良好人际关系的构建。因而，在这样的课程思政实践里，老师们选择的育人媒介就是“精准”的。一则上述的分析达到小说作品赏析的教学要求，二则这样的赏析实现了育人的目的。

第三节 成长需求

“成长需求”是一个具有多维内涵的词语。从显性层面上讲，“成长”是大学生在身心上的成熟与专业能力的提升、科研能力的进步；从隐性层面上讲，“成长需求”中的“成长”仅指一个大学生的“政治成长”即世界观、人生观和价值观的成长。

一、显性视域下的“成长需求”与精准思政

显性层面上的“成长需求”有多维的构成：首先是健康成长的需求；其次是专业成长的需求；再次或许还包括一定的职业需求在其内。成长并非仅以身心的成熟为标志，它还会涉及大学生的未来职业选择及专业成长。

在校大学生：S12，男，共青团员，西南大学，重庆市，我作为一名在校的大学生，我如实讲一下自己对于个性化学习下大学思政教师面临的挑战的理解。我今年大四，一共上了7个学期的大学生思政课，在上课的过程中，我明显感受到了思政课任课教师面临的挑战和巨大的压力，给我感受最明显的就是思政教师的自身发展受到了很大的挑战。随着压力、个性化学习的推进，学校要求思政教师不断提高自己的学术能力和水平，取得新成绩，否则就会落聘。具体来说，学校要求相应职称的教师每年要发表一定数量的论文并完成相应的教学科研任务，否则也会落聘，甚至被解聘。

此外，个性化学习下，高校思政教师的主体地位和权威性已经受到了很大的影响。在我刚上大学的时候，我们都非常崇敬和羡慕我们的思政课教师，他有渊博的知识和独特的个人魅力，我们非常喜欢他。但是，随着时间的推移，我逐渐发现，他上课的知识不再契合我的需要，我偶尔会在上课前到图书馆

和网络上搜索自己感兴趣的知识点和相关的参考资料，因为对于我们这一届大学生来说，单纯的知识传授已经落后了，我们需要的是有思想、有想法，能带我们树立理想、整合知识、产生思想的老师。①

引文表明的事实是人的健康成长需要持续地接受思政教育。引文的主人公是一位大学生，当其发现思政教育面临的环境越来越复杂化后，他迫切地感受到已经接受了 7 个学期的思政教育现在已不能满足自己的个性化学习需求了。于是，他为了自己健康成长还需要继续加强思政学习。这是从学生健康成长及专业成长的角度，分析精准思政而得出的结论。思政教育是暂时的，也是终生的。只有不断地接受思政教育，才能不断地修正人生的航向。换而言之，没有一劳永逸的思政教育，只有在“完人”与“非完人”之间不断修正，我们才能健康成长。与此同时，这段引文还透露出一种职业需求。现在从事教职的青年教师有许多，特别是对于编制外引进的青年教师而言，许多青年教师都具有聘期期满“续聘”与“落聘”的两种可能。或许出于这样的现实，引文的主人公才敏锐地感受到“学校要求相应职称的教师每年要发表一定数量的论文并完成相应的教学科研任务，否则也会落聘，甚至被解聘”这样的职业抉择。如果引文的主人公又恰巧是一位思政教师，那么他又怎会错过“精准思政”这样的教研热点？因而，从这点看，“成长需求”的内涵又会多出一个“科研的需求”。

二、隐性视域下的“成长需求”与精准思政

隐性视域下的“成长需求”仅指大学生的政治成长需求即“三观”的形成。大学生政治成长的核心内涵包含了政治身份、政治意识和政治能力等三个层面的成长。② 政治身份的认同、政治意识的培养以及政治能力的提升，都需

① 谷照亮．个性化学习视域下大学生思想政治教育创新研究［M］．成都：四川大学出版社，2020：118—119.

② 李峰．大学生政治成长的内涵、价值与培育路径［J］．广东技术师范大学学报，2021，42（02）：100—105.

要精准思政的参与。

（一）精准思政与政治身份认同

精准思政实践可使大学生快速地实现政治身份认同。上述引文的作者把大学生的政治身份简要地一分为三：普通大学生、共青团员大学生和中共党员大学生。依托精准思政，我们可以在满足大学生政治成长需求的基础上，帮助其顺利地成长为共青团员大学生；同样，针对共青团员大学生成长为中共党员大学生的政治需求，我们也可以帮助其成长为中共党员大学生。政治成长虽可分为如上三个阶段，但大学生的政治成长起点与终点也不是这三个阶段能够概括的。即使对中共党员大学生而言，也可以分为入党积极分子、发展对象、中共预备党员等多个成长阶段，而且在不同的成长阶段，他们各自的政治需求也是不一样的。故而在这样的育人实践里，我们的精准思政一定能够发挥其独特的作用。

（二）精准思政与政治意识培养

精准思政实践可培育大学生的政治意识。政治意识的培养是基于大学生身份认同而进行的精准育人实践。当一名大学生明确了自己的身份后，他就对自己的政治要求高于普通大学生，当大学生意识到自己是一名中共党员的时候，他的“四个意识”、他的“四个自信”、他的“两个维护”就是其他大学生所不可比的。根据这样的事实反推，我们就会发现，“四个意识”是针对一名党员大学生的育人需求，而这种需求的满足将会以“跟着走”到“带头走”的方式呈现在自己的大学生活中。

（三）精准思政与政治能力提升

精准思政实践可使大学生快速地提升政治能力。大学生的政治能力是其明辨是非能力与政治判断能力的整合。在日常生活中面对生活焦点事件，他们能够明辨事件背后的大是大非；在政治生活中，他们能够做出正确的政治判断。而一切的前提则是精准思政的育人实践。精准思政中的“精准”有多个含义，其中之一就是“精准的育人途径”。例如，为了提升生态修复专业学生的政治能力，有研究者曾总结出这样的育人方法：教学团队鼓励学生以作业研讨的形式在网上搜索并下载最新的 TOP SCI 期刊论文，其内容涉及不同生态环境，如土壤、大气、水资源等污染问题，以及红树林、湿地系统和土壤沙化等生态系统退化等方面的案例……[①] 引文所提及的育人方式就是精准思政的育人方式：有精准的育人对象——生态修复专业的学生；有精准的育人案例选择——生态系统退化的现代案例；有精准的育人内容，生态修复专业的科研成果——TOP SCI 期刊论文。因为，“促进人与自然和谐共生”是《习近平谈治国理政》第三卷第十三专题的主要内容。在这样的育人实践里，精准思政就把提升学生政治思辨能力与专业学习“如盐在水般”有机融合到了一起。

① 廉梅花，李艳，韩德昌，王嗣淇，董秋鹏．“生态修复技术”研究生课程思政实践途径探究［J］．科技与创新，2020（23）：67.

第二章

大学生精准思政教育的现状及问题

当精准思政由理念逐渐变成一种客观育人实践的时候，它还有许多的问题需要我们解决，并在这些问题的解决中完善“精准思政”的理论、开拓“精准思政”的育人实践，以使之最大化地满足教育需求。

第一节 精准思政教育的现状

“精准思政”的育人现状可以从两个方面来总结：一是精准思政的理论研究现状，二是精准思政的育人实践现状。

一、精准思政的理论研究现状

精准思政的理论研究现状一般需要关注如下几个方面的问题：精准思政的内涵界定、呈现多维特点的思政研究等。

（一）精准思政的内涵界定

与思政课程和课程思政的研究一样，对“精准思政”内涵的界定，直接关系到后续育人实践的发展。

一般讲，精准思政是指基于大数据、人工智能等前沿技术的介入，在精准思维和理念的引导下，实现思想政治教育的精准育人活动。其中包括及时获取教育信息、制订个性化育人方案、“精准滴灌”到位的内涵生成序列，涉及教育教学活动信息的精细管理、教育目标的精准识别与定位、任务解决的精确定向与定制、教育过程的定时施教和教育成果的精准评价等结构性要素与运行演化。①

引文对“精准思政”内涵的界定颇受学术界的认可。分析其界定可知“精准思政”在育人实践有三个层面的表现：首先，精准思政体现在育人计划的制定上。获取教育信息与制定个性化方案，这是育人前的准备。即，这里的“信息”多指育人需求，然后依据需求制定方案，这都可视为育人前的准备工作。

---

① 吴满意，景星维．精准思政：内涵生成与结构演化［J］．学术论坛，2019，42（05）：133—139.

其次，精准思政在育人实践上的表现。“精准滴灌”就是核心的表现。在这过程中，育人活动信息、育人目标、育人定位等，都要体现“精准”的特点，其实这一过程就是实施育人的具体过程。最后，育人效果的评价。既然精准思政的关键在“精准”上，那么，育人效果的评价也理应如此。精准的评价所反馈的精准信息才能成为下一次精准思政的基础。

对于“精准思政”我们也有与之不同的思考。我们认为，“精准思政”内涵应该这样界定：以“精准”为全部理论特征和实践特点的育人实践，我们都可称之为“精准思政”。既然“精准”是一种特征，那么它就应该在历时的层面上，与传统的育人实践有所区别；在空间的层面上，它应该与现有各种思政教育实践也有所区别。因而，“精准”应如基因一般充斥到全部的育人实践之中。

首先，对“精准”的理解，制约着我们对“精准思政”内涵的把握。在语言学层面上，“精准思政”一词由两部分构成：一是“精准”，二是“思政”。与传统思政相比，两者的区别显然是在于“精准”一词上。“精准”一词又包含着两个层面上的意义：一是精要；二是准确。精要的教育内容可以提升育人的效率；准确的教育内容可以满足育人的需要。因而，两者整合之后精准思政最突出的特点就是育人效率的提升。

其次，精准是育人准备过程的特点。育人准备包括育人需求的明确、育人计划的制定、育人案例的选择等备课准备。现以育人案例选择为例进行说明。

同样是对学生进行正确的爱情观教育，针对不同专业的学生，我们要选择不同的方法。对于法律专业的学生而言，如果老师们能够把热播剧《我的前半生》与本专业的诉讼知识整合到一起，那就是一种不错的选择。追剧的过程，是他们学习诉讼知识的过程，也是他们理解婚姻生活中，女性要有自己独立性的意识的过程。否则，缺乏必要的独立性，不仅是生活的悲剧，也是爱情的悲剧。可是对于非法律专业的学生而言，同样是对其进行爱情观教育，我们就可以选择舒婷的《致橡树》作为爱情观培育的素材。因为诗中的“橡树”象征着男性的阳刚之美，而与之相对的“木棉”，在表现传统女性阴柔之美的同时，它也把女性的那份自强、自立的精神表现得淋漓尽致。故而在学生体悟其爱情象征意义的同时，也把男女平等、经济上彼此独立的要求表现得真真切切。

再次，精准思政的实践特点——精准的育人供给。传统育人实践里的课程思政与思政课程实践都有一个共同特点，那就是借助一切机会向学生进行以共性为特点的思政教育。这种“大水漫灌”式的育人虽然也有一定的效果，但这种效果的取得却是以付出大量的教育时间为代价的。

育人实践中的“精准”主要体现在育人途径的拓展性选择上。育人途径拓展的真实目的在于为选择一个更为恰当的育人途径做准备。虽然人人皆知条条大路通罗马，但在这些大路之中往往会有一条捷径等待我们去发现。同样是向学生讲授“孝”的思想，不同专业的育人途径应有所差别。针对教育学专业的学生，我们可以结合对《论语》的讲解来引导学生准确地掌握“孝”之思想在中国的发展历程。因为，《论语》中有关孝道的论述总共出现了26处，直接出现“孝”字的有14处，未出现“孝”字但与孝有关的有12处。[①] 教育学专业的学生在学习领悟《论语》全书50多处“孝”的讲解之时，他们还有可能学到孔子教授“孝”的方法，因而这样的途径对于教育学专业的学生而言，就是“精准思政”。但对于其他专业的学生而言，这种讲解途径却不一定是最佳的。因为，文字学专业的学生，结合字形的演变对其思政教育是一个科学的选择。“孝”是一个从老省，从子的会意字，其字形像一个孩子扶持老人之状的暗示中，我们就能悟到“尽心奉养和服从父母”这样的本义。造字之初的字形是我们育人的素材，繁简字体的演变历程也是我们育人的重要素材。众所周知，“愛”的繁体字比简体的“爱”字多出一个“心”字，但它们的本义都是“亲爱”“友爱”。那其中一个“心”字的省略，究竟有无特殊的含义呢？在这样的追问之中，我们就会发现这简体的“爱”字更具“博爱”

① 李镭.《论语》中的孝道思想及其时代价值探讨[J].中学政治教学参考，2019(06)：74—76.

的思想。繁简演变可以成为育人的素材，那么书法变形之体的汉字，是否也是育人的素材呢？答案也是肯定的。

上图所示之字为“岸”字。这是一个颇具书法性书写的合体字。对于其所蕴含的意义，一般有两种不同的学术观点：一部分人认为这个汉字是“山青海岸”之义的表达，也有一部分人认为它是“回头是岸”的意思。前者可以用于生态思想教育，后者可以与“悬崖勒马”匹配。

最后，“精准的评价反馈”——精准思政在评价领域里彰显的特点。精准评价可以从多个层面上理解：第一个层面上，精准评价是任课老师对自己思政育人效果的评价。仅以上例利用字形育人的实践而言，它就可以分为原始字形育人、繁简字体比较育人和书法形体育人等三种基本的形式，究竟哪一种形式更具育人效率呢？这是任课老师在课后最应该反思的话题。第二个层面上，精准育人效果的评价是学生应该反思的话题。一个参与精准思政实践的学生，他最应该向老师们反馈现有的教学内容、育人形式是不是能够满足自己政治成长的需要。从一个普通学生到共青团员再到中共党员的成长质变，他们的需求呈现出递进式的特点。为此，学生的反思能够成为任课老师改进教学的重要参考。第三个层面上，思政教育管理者思考的话题。如果说任课老师的评价侧重于自己的育人能力的提升，那么育人管理者的评价则侧重于从宏观层面上，推进院校全部学科精准思政实践的发展。换而言之，只有多维评价标准才能满足精准思政的评价目的，才能反馈精准思政的育人效果。

（二）呈现多维特点的思政研究

在关注“精准思政”内涵界定的同时，我们的研究也呈现出了多维特点的研究倾向。在“精准思政”日趋明确的同时，精准思政的相关研究也呈现出如下的特点：

首先，以实现精准供给为目标的多维探讨。精准思政是以实现育人需求与供给平衡为特点的育人实践。对此有研究者这样说：新时代精准思想政治教育主要指依靠专精的思想政治教育队伍，通过对教育对象的精准把控和教育方法、艺术的科学设计，在精和准的有机统一中解决“谁来教育”“教育谁”“怎样教育”等思想政治教育的核心问题，进而实现思想政治教育效果的持久性与连续性，以达成思想政治教育的既定目标。① 引文形象化地阐释了平衡育人供给需求关系的重要性以及平衡供需的方法。“谁来教育”与“教育谁”是供需主体，“怎样教育”就是对平衡供需关系的把握。如何才能实现育人实践里的供需平衡呢？方法有二：一是对教育对象的精准把控。即，教育谁，他们需要什么样的教育？二是在育人过程中，制定科学的教育、艺术的方法。如果说经济上的供需平衡是通过市场来调节的，那么教育上的供需平衡则要依靠对教育对象与育人方法的选择来实现。若要对法律系的学生进行公平教育，可供我们选择的方法有许多：第一，对“法”字进行追根溯源进行“公平”教育。早在西周时期，“法”写作“灋”。对这个会意字的解释是这样的：从水，从廌（zhì），本义为“刑”。因字形里的“水”具有向平的性质，从而演生出了“公平”的意思。第二，从神话传说的角度理解法律的公平。在传说里，“廌”是一个具有正义特点的神兽，它能分辨世间的是与非、善与恶。故而当它出现在庭审现场的时候，它就会用自己的犄角去触碰那些违法乱纪的人，

① 陈慧军，平章起．论新时代精准思想政治教育的逻辑向度［J］．学术论坛，2019，42（05）：140—148.

从而帮助法官区分好坏善恶。第三，利用现有“天平”这一量具来展示法律面前人人平等的含义。虽然不能在此对其育人方法进行穷尽式的列举，但如上的列举却足以让我们思考，究竟哪一种方法更适合法律系的育人教育呢？对这个问题的解答其实就是为育人供需平衡的实现而进行的必要思考。

其次，以非均衡为特点的研究性专题探讨。第一，“精准思政”系列问题的研究呈现出了非均衡性的研究特点。从关注“精准思政”这一话题的期刊来看，发表有关“精准思政”相关研究文献的期刊有《思想理论教育》和《马克思主义与现实》《思想教育研究》等少数的核心期刊。《精准思政：必要与可行》就是其中的一篇，文中“以‘人民为中心’的发展思想要求思想政治教育要精准到人”“问题导向要求思想政治教育要精准到事”① 这样的理论探讨引发众人对“精准思政”的关注。这样的分析重点，可以为明确为什么要进行“精准思政”的研究提供重要的参考。在上述期刊引发众人对“精准思政”问题的关注后，“精准思政”理论的研究才开始逐渐呈现出“以点带面”式的不均衡发展态势。第二，“精准思政”研究关注焦点的不均衡性发展。“精准思政”内涵及实现方式研究的不均衡。“精准思政”内涵的研究相对于其他的研究丰富些，探讨得相对深入些。除了我们在界定“精准思政”时提及的那则定义外，还有许多研究者在论及“精准思政”的其他问题时会对其内涵进行揭示与说明。比如，《从精准到智慧：思想政治教育创新发展的根本态势分析》就是在先对其内涵进行界定后，才对为什么要实施精准思政问题进行探讨的。第三，研究成果呈现方式的不均衡。“精准思政”研究成果一般有两种呈现方式：期刊论文和研究生论文。两者对比，期刊论文的数量相对多于研究生论文。这里除有期刊论文研究相对耗时较少的原因之外，恐怕还有诸多的其他原因值得我们细思。

再次，以递增式的持续性关注。精准思政理论一经诞生就引起了大家的关注，而且这种关注还以递增式态势呈现如下的特点：第一，对重点问题的

① 吴满意，王丽鸽．从精准到智慧：思想政治教育创新发展的根本态势分析［J］．马克思主义与现实，2019（04）：198—204.

关注。如对“精准思政”内涵的界定。自2019年至今，《精准思政：内涵生成与结构演化》一文的下载量就达到了3357次。这是一篇以“精准思政”内涵为主要探讨对象的成果，下载者在解析其结构演化的同时，更对其内涵的界定问题表现出明显的关注。因为，没有对其内涵的理解，精准思政的结构演化简直无从谈起。第二，利用“精准思政”理论解决育人的具体问题。理论的价值体现在实际运用中，为了彰显精准思政的理论价值，很多一线老师都在积极探索精准思政的育人实践。在新时代开展高职院校“四史”教育是引导学生树立正确的世界观、人生观、价值观，将他们培养成为社会主义事业合格建设者和可靠接班人的重要保证。[①] 引文虽短，但它却把“四史”教育的精准思政育人实践进行了总结。“四史”是指党史、新中国史、改革开放史、社会主义发展史，借助这四部历史知识的学习向学生进行什么样的思政教育呢？引文的作者告诉我们，这四部历史的学习可以向学生进行“三观”教育。为什么要强调“三观”教育呢？因为这关系到培养合格建设者与可靠接班人的重任。如果说“四史”学习是我们育人体系里“教之供”，那么学生需要培育自己正确的“三观”则是“学之需”。据此可知，正是在这样的供需平衡中，“精准思政”之“精准”的内涵才得到了实现。

二、精准思政的实践现状

精准思政的实践现状可以这样总结：不均衡发展的精准思政、整合中深入的精准思政、缺少经验总结的精准思政实践。

（一）不均衡发展的精准思政

精准思政育人实践呈现出不均衡的发展特点，具体而言，这里的“不均衡”有两种不同的表现：

首先，地域上的不均衡。这一观点的得出是以知网上相关研究成果的统

① 戴海容．精准思政视角下新时代高职院校“四史”教育路径论析［J］．学校党建与思想教育，2021（01）：72—74.

计结果为论据而得出的。当我们在知网上以“精准思政”作为关键词进行搜索，然后精心地筛选后，《精准思政视角下二级学院文化育人路径研究》与《“四位一体”打造思政课精准教学新模式——以江苏农林职业技术学院为例》两篇成果最为引人关注。前者是北京市“精准思政”的成果，后者是江苏省的研究成果。而相对于其他地域而言，暂时还没有发现这样的经验总结。因而，我们说在地域的层面上，精准思政实践呈现出了不均衡的发展特征。

其次，学科间的不均衡。精准思政的育人实践也在不同学科间呈现出不均衡的特点。当我们以“精准思政”与“英语”为关键词进行论文搜索后，我们几乎没有发现符合条件的搜索结果。当我们把“英语”这一关键词替换成“教育学”后，我们获取了《课程思政目标导向下精准教学的设计与实现——以教育学一节课为例》这样的成果。由此可知，精准思政实践在不同学科之间的发展呈现出了不均衡的发展态势。虽说任何一次课程改革都是在均衡与不均衡的发展态势中推动育人实践发展的，但如此的不均衡还是会制约精准思政的发展。特别是在课程思政的大背景下，任何一个学科都要有精准思政的育人实践。即使是暂时性的滞后，也势必会对这门学科的育人实践产生深远的影响。

（二）整合中深入的精准思政

精准思政并非另辟蹊径的育人实践，它需要与其育人实践整合到一起并以取长补短的方式进行。特别是思政课程与课程思政育人实践的整合，更能推动精准思政的发展。研究生课程是高校落实“全员、全过程、全方位”育人格局的重要阵地。[①] 引文是针对音乐专业研究生而进行课程思政实践的经验总结，当它与精准思政整合在一起的时候，我们最应思考的就是找到一条思政育人与音乐知识传授整合到一起的育人途径。于是，项目教学法与精准思政实践的整合便出现在教学课堂上。项目教学法侧重的是知识的传授与能力

① 何琦．音乐院校研究生英语课程思政教学的实践路径[J].继续教育研究，2021(11)：79—81.

的培养；精准思政育人实践侧重的是思政教育的融入。“教材是教师开展教学的具体依据，因此教材的编写要根据新的目标、理念、方法进行更新。”[①]然而因教材的修订需要一定的时间，其编排的内容与育人需求之间势必会存在着一定的时差。这就需要我们为其补充一些教材之外的教学资源，于是 PPS 教学法、CBI 教学法都出现了与精准思政育人整合的案例。在教学中融入民族音乐作品，以英语为媒介，以跨文化交流为导向，培养学生的批判思维，从而实现国家认同、文化认同，涵养爱国情怀，进而达到热爱社会主义中国的育人目的。

（三）缺少经验总结的精准思政实践

精准思政实践经验的总结是其理论发展的前提。因而，缺乏必要经验总结的精准思政实践是一个特别值得关注的客观现实。

精准思政实践的经验总结一般有两种必要的途径：一是针对以精准思政实践为对象，对其实践上的得失进行归纳。二是以精准思政的视角审视目前的育人实践并对其进行总结。无论哪种经验总结都能推动精准思政的发展。“新时代通过充分利用线上与线下教学的相互融合，可以让高校思政课程改变以往的被动局面。”[②]引文是对线上与线下教学中精准思政实践的反思。引文讨论的重点在于利用精准思政的视角审视线上与线下混合教学模式的问题。作者关注的焦点有四：育人实践的优化、导学工作的安排、线下的讨论设计以及构建精准育人过程的评价等。这是一次颇为全面的经验总结，但除此之外还有许多值得注意的地方：混合育人模式中的传统教学资源开发与利用的问题、精准教学案例的选择等。这些话题虽不在引文作者的探讨之列，但这些问题的解决无疑可以推动线上与线下教学上的精准思政实践。

以精准思政为视角，审视课程思政实践也可以获取重要的育人经验。课

① 肖琼，黄国文．关于外语课程思政建设的思考［J］．中国外语，2020（05）：10—14.

② 张潇月．新时代高校精准思政的线上线下实践路径［J］．湖北开放职业学院学报，2021，34（20）：87—88+91.

程思政涉及各地院校的全部学科的育人实践，可是这类研究文献却少之又少，这不能不说是一个令人感到遗憾的事情。“新时代思政课程与课程思政协同育人，既是二者之间的理论逻辑使然，也是二者发展进程的实践逻辑必然。”[①]引文强调了两者整合的逻辑必然，但是如何运用精准思政的理论审视课程思政的育人实践呢？这又是一个极其复杂的问题。如果是在宏观层面上审视，这还显得相对简单了些，但若要从微观层面上审视课程思政的育人实践及其存在的问题，这需要大量一线教师的参与。因而，研究的复杂程度决定着这样的经验总结一定会滞后于精准思政的其他问题的探讨。这就有如课程思政育人实践的开始之初，擅长思政教育的教师，却不擅长其他专业的知识教学；擅长其他专业知识教学的教师，又不擅长科学的思政育人方法。

① 韦诗业，李素芬.新时代思政课程与课程思政协同育人机制构建研究［J］.学校党建与思想教育，2021（20）：36—39.

第二节　精准思想教育的问题

基于上述对理论与实践现状的分析，我们可以发现精准思政的理论基础研究与实践中存在的主要问题有如下几种。

一、精准思政的理论需完善

精准思政实践的高质量发展依赖于理论研究的深化。相对于其他课改理论而言，精准思政的理论研究主要存在以下的问题：

（一）体系化的构建要完善

精准思政的实践对象涉及高校全部的育人实践，更确切地说，凡是课程思政理念指导下的育人实践，凡是思政课程指导下的实践，都需精准思政理论的指导。然而仅就理论研究的现状而言，精准思政的理论成果不仅不能涵盖思政课程的全部育人实践，更不能深入课程思政育人实践的每一个角落。对此，我们可在比较“课程思政”“思政课程”与“精准思政”之间的逻辑联系中进行感悟。

思政课程，即高校思想政治理论课。思政课程是课程德育中系统进行思想政治教育的课程，是课程德育的主渠道，也是大学生思想政治教育的主渠道。[①] 从引文可知，大学段的“课程思政”就是专门向学生进行德育教育与法制教育的课程。这样的课程在大学整个育人体系里处于主要地位，故而有主渠道、主阵地之谓。

课程思政，即将思想政治教育元素，包括思想政治教育的理论知识、价

① 石书臣．正确把握“课程思政”与思政课程之间的关系. http：//szpjzx.hbue.edu.cn/c0/f2/c5914a180466/page.htm.

值理念以及精神追求等融入各门课程中去，潜移默化地对学生的思想意识、行为举止产生影响。[①] 从引文可知，“课程思政”应包括“思政课程”。从育人实践逻辑上讲，即“课程思政”包含“思政课程”。据上述引文所述的育人实践关系，“课程思政”“思政课程”与“精准思政”之间的联系可用下图简示之：

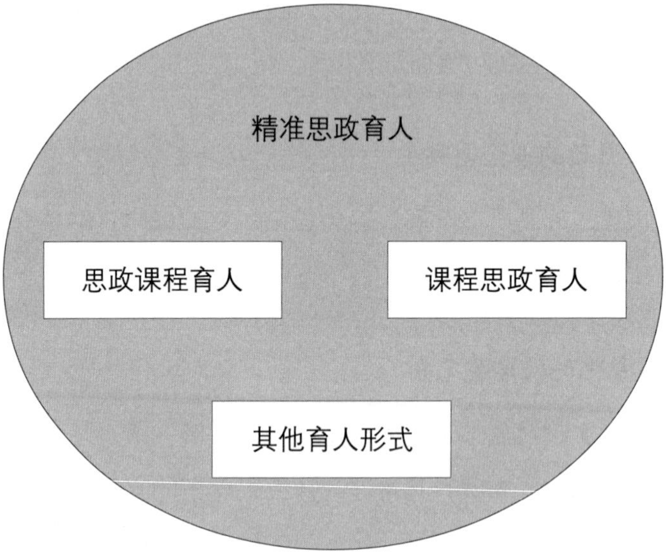

“思政课程育人”是指以思想政治理论课的育人实践为主的育人方式；“课程思政育人”主要包括专业教育课程和综合素养课程为主要形式的育人实践。“其他育人形式”包括以校园文化建设为主的育人形式。高校育人实践的这三类方式都需要“精准思政”理念的参与。换而言之，“精准思政”的理论体系至少应该包括三个子系统：体现精准思政理念的课程思政育人系统、体现精准思政理念的课程思政育人理论系统以及体现精准思政理念的其他育人形式的理论系统。暂且不说涵盖三类育人实践的“精准思政”理论的大系统尚未构建，就连其下属的三个子系统的理论构建工作也未完成。由引文可见“精准思政”理论研究的迫切性。

① 王学俭，石岩．新时代课程思政的内涵、特点、难点及应对策略［J］．新疆师范大学学报（哲学社会科学版），2020（02）：51.

（二）关键性的问题要细化

精准思政的关键性问题还有待细化。这里的“细化”涵盖理论与实践两个层面上的细化。在理论层面上，我们要关注精准思政对育人核心问题的探讨。例如，精准思政育人模式的构建问题。而这一模式的构建中，又应从两个层面上思考：课程思政实践中能够彰显“精准思政”育人模式的构建与“思政课程”育人实践的“精准思政”育人模式。当我们以“精准思政”与“育人模式”为关键词，在知网上进行论文搜索，仅有 9 篇研究成果。再剔除一些不符合要求的成果之后，仅有王莉莉的《推进“123”思政育人模式　打造有滋有味的专业课堂——以“国际商法”课程教学为例》一文。尽管王莉莉在文中重点明确“国际商法”本科生课程思政的育人模式，但这种育人模式与“精准思政”的理念还存在一定的差距。

同样，当我们在搜索的关键词里添加了“课程思政”或“思政课程”两个关键词之后，我们也遇到了与之相似的问题。没有一篇是用“精准思政”指导下的育人模式构建的成果。

有关课程思政育人模式构建的探讨，也有思政课程育人模式构建研究的成果。唯独没有运用“精准思政”理念，审视课程思政实践里有关育人模式构建问题探讨的文献，也没有运用“精准思政”理念审视思政课程实践中育人模式构建问题的成果。

（三）感性的经验要升华

精准思政理论的体系化构建有两种重要途径：一是随着研究对象的拓展而逐渐构建；二是通过对现有实践经验的总结而完善。鉴于对前者已多次谈及，故而在此对这种体系化的构建方式不再说明。

经验是感性的，但它却可以升华并且在升华后可以实现构建精准思政理论体系化的目的。

例如，为了讲解孝道，同为文学专业的老师大多会选择如下的一些案例：

案例一：子夏问孝，子曰：“色难。有事，弟子服其劳；有酒食，先生馔，曾是以为孝乎？”（《论语·为政》）

案例二：曾仕强先生在《论语里的生活智慧》一书中的讲解：

（一）长期在父母跟前保持和颜悦色，真的有那么困难吗？如果真的遭遇这样的困难，最好自己检讨，是不是对待父母缺乏诚意，所以才失去恭敬的心。

（二）年轻时为父母分担一些事情，年长时好好准备父母的饮食，不过是为人子女应尽的责任，谈不上孝心。如果做到这种地步，便自认为是尽孝，那实在是太小看自己了。

（三）儒家认为让父母有面子，不辱家门，才是真正的孝。不是为父母读书或赚钱，而是行为端正，做出对社会人群有益的事情，以光宗耀祖。往往祖上有德，才会教养出这样的子女①。

案例三：鲁迅在作品《朝花夕拾》里《二十四孝图》一文中表现出来的观点。这是一篇具有批判性质的文章，鲁迅对原《二十四孝图》里的“老莱娱亲”“郭巨埋儿”等表现出来的“愚孝”进行了深入的批判。

鲁迅的《二十四孝图》与由元代郭居敬所著“二十四孝子”故事演变而成的《二十四孝图》有所不同，这早在《朝花夕拾》的讲解中就已广为人知了。为了传承孝文化，后人为“二十四孝子”故事配以图画，以期对小孩进行以孝为核心的文化教育。《二十四孝图》没有改变“二十四孝子”的故事，却创新了孝道的传统方式。也正是这种创新，才又拓展了原书有限的消极影响。故而鲁迅要批判其中不符合生活需要的假孝。鲁迅并没有否定《二十四孝图》的全部内容，只是针对其中不符合实际的尽孝观念进行了否定。故而以鲁迅的作品为例，更能使学生从正反两个方面思考如何尽孝、行孝的问题。

“哭竹生笋”就可疑，怕我的精诚未必会这样感动天地。但是哭不出笋来，

① 曾仕强，曾仁良．论语里的生活智慧［M］．西安：陕西师范大学出版社，2009：34.

还不过抛脸而已，到“卧冰求鲤”，可就有性命之虞了。[①]

引文是颇能证明鲁迅观点的语句。“哭竹生笋”的故事只能存在于传说之中。古今中外没有任何一人的“哭”能够具有如此的神力。以这样的案例教人行孝，不是误导，也是害人。同样，“卧冰求鲤”更像鲁迅所言的那样，恐怕没有求到鱼，卧冰的人就失去了性命。

除了上述事实案例之外，有的老师还会选择一些道理案例。如对“孝”“孝道”与“孝顺”的分析。孝是子对父母的赡养；“孝道”中的“道”是“规则”，即赡养父母的规则。“孝顺”中的“顺”是“顺从”，即凡是顺从父母的行为都可以视为“孝”。显然这是错误的行孝、尽孝。

暂且不再赘述其他的案例，仅就上述案例而言，究竟哪一个案例最适合用于对学生的育人教育呢？即使是一线教师，他们也很难回答。因为，面对不同的育人对象，本科生所使用的案例要有别于研究生；硕士研究生的案例还要有别于博士研究生的案例。面对如此复杂的育人实践，我们需要积累案例选择上的经验。利用这些经验，在改革自己育人实践的同时，实现完善精准思政的理论。

二、精准思政的实践待深化

从实践的层面上分析，精准思政存在的问题可以用一句话概括：精准思政的实践待深化。这里“深化”是贯穿于全部育人实践的。

（一）思政教材的编写有失精准

“大中小学思政课教材一体化建设呈现出重视学生主体地位、更加趋向生活化、初步体现层次性、强调彰显时代性的特点，但也面临着一些亟待解决的问题，表现为各学段课程标准修订步调不一、课程目标设置的整体性和明确性尚需加强、教材编写机构的合力有待形成、教材内容重复的现象较为

① 鲁迅．鲁迅全集［M］．北京：中国文史出版社，2020：569.

突出、教学方法的创新与衔接不够、教学评价方式亟待完善等。”[①] 引文强调了两个事实：一是大中小学思政教材的一体化建设的优势。其中包括对学生主体地位的强调，生活化的编写趋向以及对时代特点的彰显。二是教材编写有失“精准”问题的主要表现。其中最重要的表现就是育人内容的重复。虽说重要的事情要强调三遍，但这三遍的强调也会耗费我们大量的教学时间，从而使育人实践表现出有失“精准”的特征。在思政教材编写层面上，创新教学方法的缺失与有效衔接，也是有失“精准”的表现。教学方法有宏观与微观之分。早在教材编写之初，宏观的教学方法就已基本确定了。思政课的教材编写是这样，专业课的编写也是这样。例如，在中国文学史的课堂上，“上古神话”的赏析是一个重要的学习内容，《精卫填海》《大禹治水》等都是重要的神话作品。精卫鸟在填海中表现出来的百折不挠的精神与大禹治水中表现出来的矢志不移的品质都是进行思政教育的核心内容。显然这种结合教材内容进行的育人实践只能运用融入知识讲解的“课程思政”的方法。若要运用“精准思政”的方法，我们就需要额外补充教材的内容了。文学史学习中的育人实践是这样，古代神话作品研究专题中的育人实践也是这样，《精卫填海》会出现在多个学科育人实践的课堂上，尤其是在《山海经》的选修课上，这些经典的神话作品更是必不可少的育人素材。故而，思政教材一体化编写需要关注育人内容重复的问题，专业课教材的编写中也存在同样的问题。可惜的是，还有部分专业课教师没有意识到。

（二）育人全程的设计有失精准

育人全程设计始于从教学资源开发，经育人的具体过程，终于育人效果的评价。这其中的每一个层面都存在有失“精准”的表现。现以精准评价为例对此说明。

“精准思政”与其他育人实践形式的不同主要在于对“精准”的强调。

① 刘力波，黄格. 大中小学思政课教材一体化建设面临的问题及破解路径［J］. 马克思主义与现实，2020（02）：187—192.

从某种程度上讲，如果说“精”是指育人所需要的资料，那么“准”就应该是被用以育人的内容与被育者需求的匹配度。因而对精准育人效果的评价就应该着眼于两点：一是育人效率，二是育人结果。评价后者容易，既有传统的惯例可循，又有创新的方法可以借鉴。可是对于前者，既没有传统的惯例可参考，也没有现代创新的个案可利用。

现有的育人评价研究不足以涵盖各学段的精准思政实践。以“思政育人评价指标体系”为关键词进行论文搜索，知网共能搜索到 55 篇成果。（截至 2021 年 11 月末）在这 55 篇评价研究成果中，探讨课程思政效果评价的成果相对较少。依据其评价的对象，这些成果可分为三大类：针对特定育人内容的效果评价、课程思政育人的效果评价、思政课程的育人效果评价。《试析高校思想政治理论课课程评价指标体系的多元维度》《“中国梦”视野下的高职学生理想信念教育效果评价指标体系研究》《理工科课程思政教学评价指标体系构建研究》《课程思政理念下大学英语教学质量评价指标体系研究》《高校思政“金课”教学评价指标体系的构建——基于主成分分析法》《基于 CIPP 的行业院校研究生课程思政评价指标体系研究》等。上述这些成果均有特殊的针对性，针对英语教学而进行育人评价，很显然不能运用到音乐教学中的育人实践上；针对理工科研究的思政评价指标体系虽相对宽泛些，但却不适用于偏文学科的课程思政实践，更不用说适用于偏文专业的精准思政育人实践了。

现有的评价研究思路不足以彰显各学段的精准思政实践。上述所列育人评价研究成果的另一个特点是多为针对“课程思政”的育人实践而进行的探讨。“课程思政”侧重的是育人途径的拓展，“精准思政”侧重的是育人效果的提升，运用相同的评价思路去评价有着诸多不同的两种育人实践，这是不符合育人实践、有违育人规律的事情。

第三章
大学生精准思政教育的理论准备

尝试精准思政理念指导下的育人实践，我们不仅需要深入理解“精准思政”育人理论的核心内涵，还需要明确与之相关的其他育人理论。作为一种育人实践，精准思政的育人过程是在与现有各种育人实践的整合中实现的。

第一节　思政课程理论

若要尝试精准思政的育人实践，首先要明确“思政课程”的相关理论。“思政课程”理论的明确始自对其诞生背景的了解。

一、思政课程的内涵

“思政课程，即高校思想政治理论课。思政课程是课程德育中系统进行思想政治教育的课程，是课程德育的主渠道，也是大学生思想政治教育的主渠道。”[①]引文对“思政课程”的内涵与育人价值进行了界定。

首先，“思政课程”有明确的指向，即高校的政治理论课程。从外延上讲，高校政治理论课又可以分为选修课与必修课两类。本科阶段的思想政治理论课主要包括《马克思主义基本原理概论》《中国近现代史纲要》《思想道德与法治》《毛泽东思想和中国特色社会主义理论体系概论》以及《形势与政策》等。硕士研究生阶段的思想政治理论课有《自然辩证法概论》和《马克思主义与社会科学方法论》以及《中国特色社会主义理论与实践研究》等。其中前两门课程为选修课，后一门课程为必修课。博士研究生阶段的课程设置与其相似，主要有《中国马克思主义与当代》和《马克思主义经典著作选》两门课程。前者为必修，后者为选修。

其次，思政课程在育人实践中的作用或者说是其应有的价值被引文作者归结为“主渠道”。“主渠道”之“主”是对育人价值的肯定，“主渠道”之外意味着还有许多其他的育人渠道，但与思想政治理论课相比，其他育人渠道虽不可忽视，但没有思想政治理论课所起的作用重要。

① 石书臣．正确把握“课程思政”与思政课程的关系［J］．思想理论教育，2018（11）：57—61.

再次，总结与归纳高校思想政治理论课的具体内容更能帮助我们理解“主渠道”的内涵。从上述本科生、研究生不同阶段的思政理论课的设计来看，仅在大学期间，思政理论课所涉及的学习内容就具有如下的特点：第一，基础理论知识的学习。特别是在本科阶段，学生所学的马克思主义基本原理基础知识的讲解，不只是其后期学习马克思主义及其中国化理论成果的知识基础，更是后期在研究生阶段学习马克思主义方法论的前提。本科生阶段的思政课程还是学生学习法律基础知识的重要课程。特别是在《思想道德与法治》的学习中，道德知识与法律知识并重，既能把“全面依法治国”的理念植入学生的头脑中，更能把道德教育，特别是公德教育的相关知识传授给学生。第二，方法论的学习。与本科阶段相比，硕士生阶段的学习也呈现出这样的特点。《自然辩证法概论》的学习意在培养学生基于自己所掌握的马克思主义基础理论知识来探讨自然界和科学技术发展的一般规律的能力。因而，这门课程的主要学习任务是教授学生认识和改造自然的方法。第三，更为系统的马克思主义学习。在《马克思主义经典著作选》的学习中，《关于费尔巴哈的提纲》是最先讲授的一篇重要文献，恩格斯曾说其是包含着新世界观的天才萌芽的第一个文件，曾认为它是历史唯物主义的起源。再后来，这篇成果与《德意志意识形态》一起被称为马克思主义哲学的开篇之作，成为唯物史观诞生的标志。

二、思政课程的诞生与演变

高校思想政治理论课的课程体系设置经历了从无到有的过程。经过不断地自我完善，如今的高校政治理论课已成为育人的主阵地，在育人实践中起着“领舞”的作用。现对其发展历程进行简要的回顾，并希望在这样的回顾中，感悟、挖掘思想政治理论课的育人价值。

思政理论课的内容是在课程体系的不同修改中完善的。每一次国家有关课程设置文件的颁布都会对其内容的修订与增删产生重要影响。故以党的十八大召开为基点，把新中国成立后的思政理论课课程体系的构建一分为二。

（一）新中国成立到十八大期间的思政理论课

在此仍以国家课程设置文件的颁布时间为基点，对此阶段内的思政理论课情况进行说明。

首先，从无到有的“52”课程体系构建。“52”是指课程设置的具体时间，即 1952 年 10 月 7 日。指导高校设立思政理论课的文件由教育部发布，全称是《关于全国高等学校马克思列宁主义、毛泽东思想课程的指示》。虽然这一“指示”的颁布标志着全国各高校思政理论课的诞生，但究其利用思政理论育人的实践而言，则早已存在了。新中国成立之前，李大钊就曾在北大讲授过“唯物史观”等具有后期思想政治理论课的内容。再后来，华北人民教育委员会也曾把“新民主主义论”和“政治经济学”的内容纳入课程体系的设置之中。

“52”课程体系的重要价值可从三个方面理解：一是对思政理论课课程设置的影响；二是对课程内容设置的影响；三是课程设置与育人需求的相互匹配。依据教育部这份课程设置的指导性文件，思想政治理论课出现在全国高校的课程体系之中，其速度之快，真可用“雨后春笋”来形容了。“从我国的研究生培养工作一开始，就被纳入了正常的轨道。”[①] 据引文可知，我国高等人才的培养历程是伴随着政治理论课设置与完善来实现的。那个时代的大学生教育正是“精英教育”，还不是现代的大众化教育。因而说，思政理论课的价值在课程设置之初就得到了彰显。任何课程的设置都是育人需求刺激的必然结果，都是与教育背景相适应的必然结果。随着育人的需要，教育部随后又颁布了《中华人民共和国高等教育部关于高等学校政治理论课程的规定（试行方案）》，依据其内容，高校政治理论课被明确为“马列主义基础”和“中国革命史”等四门具体的课程。正是逐渐明确的课程内容，才使此时期的政治理论课具有了这样的作用：“是一件关系到我国改造旧大学，建设

① 石云霞. 高校思想政治理论课程建设史研究［M］. 武汉：武汉大学出版社，2006：15.

社会主义性质的新大学的大事。”[①] 由引文可见，思政课一经诞生就彰显了其作为育人主阵地、主渠道的作用。

其次，曲折的经验积累的“61”课程体系。与“52”体系一样，“61”体系中的“61”仍然是指课程设置文件的发布时间。但与“52”体系的不同在于这次是两个文件的发布：《关于 1961—1962 学年度上学期高等学校共同政治理论课安排的几点意见》和《改进高等学校共同政治理论课程教学的意见》。这两篇“意见”既涉及了课程的编排，又涉及了理论课的教学。在教学内容上，添加了名为“形势与任务”的教学内容。从某种程度上看，这两个文件的发布及其指导下的理论课建设最大的特征是有中国特色理论课的出现。在去苏联化的过程中，毛泽东思想成了重要的教学内容，并围绕这一主要内容，开始了思政教材的编写。《实践论》《矛盾论》等体现毛泽东思想精髓的作品成为理论课上的重点讲授内容。与此同时，为了帮助学生了解国内外的政治形势，党的施政方针也成了师生了解国内外形势变化的窗口。然而，原本看似有序发展的课程设置却被后来的“文化大革命”运动打断了。

再次，“拨乱反正”的“85”课程体系构建。“85”的时间指向是 1985 年 8 月，这次颁布文件的单位是中共中央。文件的名称是《关于改革学校思想品德和政治理论课程教学的通知》。这是恢复高考后，针对“教材不适应、课程不稳定、领导不重视、教师不愿教、学生不愿学等突出问题”[②] 颁布的文件。引文陈述的事实可以帮助我们反思 61 课程体系的曲折发展所带来的影响，也能让我们看到高校思政理论课的未来发展方向。教材的编写、课程体系的构建以及领导的重视，师生在教与学中的表现均会影响到最终的育人效果。

为了配合中央的部署，教育部与共青团委先后发布了多个指导性的文件。《加强高等学校学生思想政治工作的意见》和《改进和加强高等学校马列主

① 谈松华，陈芙泉．大学思想政治教育简史［M］．上海：上海交通大学出版社，1989：70.

② 谈松华，陈芙泉．大学思想政治教育简史［M］．上海：上海交通大学出版社，1989：221.

义课的试行办法》就是在这种背景下诞生的。尤其是在《关于改革学校思想品德和政治理论课程教学的通知》发布后，随之又颁布了《国家教育委员会关于高等学校思想教育课程建设的意见》（1987 年 10 月），从而大学思政课程体系出现了五门课程并存，必修与选修课并重的现状。两门必修的课程是《形势与政策》和《法律基础》；三门选修的课程是《大学生思想修养》《人生哲理》《职业道德》。这样的课程体系设置让我们看到了育人内容的增加和育人途径的拓展，从而使广大的师生意识到“课堂讲授是马列主义课教学的主要环节和基本形式”[①]。引文在强调理论课为“主要环节”与“基本形式”的同时，也再一次地把思政理论课主渠道、主阵地的理念传递了出来。

最后，以“改革”为特征的“98”课程体系。如果说“85”方案具有拨乱反正的性质，那么“98”方案就是在此基础上的逐步完善。《〈关于普通高等学校“两课”课程设置的规定及其实施工作的意见〉的通知》的发布意味着这一课程体系的确立。“改革”是 98 方案的主要特点：一是教学内容的补充，即把邓小平有关中国特色社会主义的相关论述纳入讲授内容之中；二是把“三个代表”重要思想纳入讲授的内容之中。《“三个代表”重要思想概论》这一示范性理论课教材的编写就例证了上述的观点。

（二）十八大后的课程体系构建

十八大至今的思政理论课体系延续了“改革”的育人思想。《普通高校思想政治理论课建设体系创新计划》与《关于加强和改进新形势下高校思想政治工作的意见》《关于深化新时代学校思想政治理论课改革创新的若干意见》等文件相继发布，伴着这些文件的发布，传统思想政治理论的教学形式改革也呈现出日新月异的变化。慕课、翻转课堂等先进的改革实践出现在了思想政治理论课的育人实践中，习近平教育思想影响下的高校思政理论课建设得到了快速地发展，必修课教材和选修课教学大纲也在 2018 年得到了重新

① 教育部思想政治工作司组编. 加强和改进大学生思想政治教育重要文献选编（1978—2014）［M］. 北京：知识产权出版社，2007：9.

的修订。因此说，思政课程体系的拓展与育人渠道的完善之间具有相通辩证的因果关系。育人渠道的完善势必影响到思想政治理论课程体系的完善，同样，思想政治理论课程体系的完善也同样会促进育人渠道的拓展。对于我国育人体系的完善过程，有研究者这样总结：“从总体来看，‘十育人’的提出、发展是一个循序渐进的过程。从最初的‘三育人’（教书育人、管理育人、服务育人）到‘五育人’（增加实践育人、科研育人）再到‘七育人’（增加文化育人、组织育人）直至‘十育人’（增加网络育人、心理育人、资助育人），育人渠道不断拓展。”① 据引文可以发现如下的事实：一是我国育人渠道的拓展。从“三育人”到“十育人”渠道的确立，其背后不只是育人渠道数量上的简单的增长，更是育人效果上的快速提升。二是思政课程育人价值的确立。从“三”到“十”的数字背后，“教书育人”仍然是育人的重要渠道。而“教书育人”的主阵地仍然是思政理论课。同时，从“三”到“十”的背后，同样也是内容的增加。

三、思政课程的育人特点

思政理论课的育人特点可以总结为：在课程的改革中育人，在新理论成果的添加中育人。

（一）在课程的改革中育人

“改革”是贯穿高校思想政治理论课从无到有的特点之一。“从无到有”可从两个层面上理解：一是思想政治理论课的出现；二是思想政治理论课内容的不断完善，特别是相关教材的编写，更能彰显这样的特点。新中国成立初期的思想政治理论课面对的需求是“破旧立新”，即用新民主主义性质的课程去育具有社会主义思想的新人。1951 年 9 月，教育部进一步指出“政治课”名称应予取消，具体以“辩证唯物论与历史唯物论”（取代原先的“社

① 张茜．大思政视域下高校“十大”育人体系整体建构研究［D］．华中师范大学，2019：50.

会发展史”）、“新民主主义论”、“政治经济学”[1]替代。课程名称的彼此取代背后，其实是课程对国家育人需求的不断满足。这一阶段的思想政治理论课的构建是这样，后来各个时期的思想政治理论课的构建也仍然是这样。“思政小课堂和社会大课堂结合，鼓励党政机关、企事业单位等就近与高校结对挂牌建立思政课实践教学基地，完善思政课实践教学机制。”[2]引文是新时期高校思想政治理论课教学大纲修订的主要思想。据引文可知，新时期的思想政治理论课要与社会大课堂协同育人，要在不断完善的育人机制里，提升育人的效果，保证育人的质量。

课程改革可从两个层面上关注：一是整体课程体系的改革；二是课程内容的改革。无论哪一种形式的改革都是以满足育人需求为核心目的的育人实践。

（二）在新理论成果的添加中育人

只有马克思主义中国化的理论成果不断地补充，思想政治理论课才能永葆活力。因而，从新中国成立初期到如今的高校思想政治理论课的建设都体现出了这样的特点：用新的理论成果育社会主义新人。从新中国成立初期毛泽东思想进入高校思想政治理论课到后来邓小平理论进入高校理论课堂以及后来“三个代表”重要思想、科学发展观以及习近平新时代中国特色社会主义思想，高校思想政治理论课的教学内容越来越丰富，越来越体现出了与时俱进的特点。

当今世界正经历百年未有之大变局，不稳定性不确定性明显增强……只有准确把握分析我国发展阶段、环境、条件变化、看清变局本质和发展大势，

① 段中桥．建国以来普通高校马克思主义理论课和思想品德课程设置及教学内容历史沿革资料汇编（上编）［M］．北京：高等教育出版社，2004：4.

② 中共中央办公厅，国务院办公厅．关于深化新时代学校思想政治理论课改革创新的若干意见［Z］.2019—8—14.

顺势而为，谋事而动，提升危中寻机，化危为机的能力，沉着应对变局，开拓新局，集中力量办好自己的事，推动形成新发展格局，才能牢牢把握化危为机的主动权，为不确定的世界增加确定性。

摘自《人民日报》（2020 年 4 月 3 日、4 月 16 日、9 月 25 日）

（1）分析在“危机中育新机，于变局中开新局”，这一论断蕴含的唯物辩证理论。（5 分）

（2）运用主观能动性与客观规律性相统一的原理，分析“主动求变”与“准确识变”之间的关系。[①]

引文是 2021 年考研真题。其考查的对象是大学生对马克思主义基本原理的掌握情况。与其说是在考查学生如何运用马克思主义基本原理，不如说是意在以新的素材引导大学生掌握马克思主义基本原理。正是运用了“危机中育新机，于变局中开新局”所蕴含的唯物辩证法理论，我们才能在复杂多变的国际形势里占据主动，不仅打赢了脱贫攻坚战，而且还在抗击新冠肺炎疫情的过程中取得了阶段性的胜利。

“习近平新时代中国特色社会主义思想对马克思主义唯物论、辩证法、唯物史观的坚持和运用及其对马克思主义哲学中国化的贡献……”[②] 这是试题材料所述事实的成因，同时，这也是解释这些事实成因的理论。

①https：//kaoyan.eol.cn/shiti/zhengzhi/202012/t20201226_2063187.shtml.

② 汪信砚 . 习近平新时代中国特色社会主义思想的哲学基础研究述评［J］. 武汉大学学报（哲学社会科学版），2018，71（02）：5—15.

第二节　因材施教理论

“因材施教”是一种重要的教学思想——这不只是国内教育界认可的结论，也是国外育人探讨的焦点。特别是在“精准思政”的实践中，“因材施教”也是实现“精准”的重要前提。分析思想政治教育中的“因材施教”，一般需要关注如下几个方面的问题：“因材施教”的内涵、中外因材施教的演变、因材施教需要注意的问题。

一、“因材施教”的内涵

“因材施教”内涵的明确是探讨其后续一切问题的基础。因思想政治教育实践与其他学科知识教学不同，我们可以对“因材施教”进行这样的界定：

（一）“因材施教”界定前的思考

通过对“材”“教”以及“材”和“教”关系的思考，“因材施教”可界定为：根据学生的资质、特点和道德发展状况，尊重学生身心发展及道德发展的规律，施以相应的教育，不断提升和建构学生品德的教育原则（教育方法）。①

引文对思想政治教育实践里的“因材施教”内涵的界定提供了重要的启示。启示一：若要对“因材施教”的内涵进行界定，首先要对其中的“材”“教”及两者之间的辩证关系进行充分的思考。然后才能确定“因材施教”应有的内涵。其次，“因材施教”实践内容不同，因材施教的方法也是迥异的。方法取决于教之对象，取决于教之材料。面对不同的教育对象，面对不同的教育内容，我们拥有的教学材料是不同的，我们教育的方法当然也会有差异。

① 赵雪江．道德教育因材施教的聚材研究［D］．东北师范大学，2006：24.

孔子是因材施教的先驱，对其因材施教的实践有学者这样总结：孔子教人，各因其材，有以政事入者，有以言语入者，有以德行入者。[①]引文的总结特别值得我们关注：同一个老师面对不同的学生，他采取了不同的教学方法，或以政事入，或以言语入，或以德行入，究竟哪一种方法才是最好的呢？这恐怕需要费心思想一番才能确定。最后，关注效果。一个老师的育人方法是否为因材施教，我们要从最终的效果上确认，即因材施教与效果之间具有必然的联系。

（二）因材施教的界定及理由

参考他人的界定，结合自己的理解，我们建议把“因材施教”界定为：以学生现有的思想政治素养为基础，在遵循学生育人规律的前提下，对学生施以个性化的育人实践以期获取最佳育人效果的教育理论与育人途径、育人方法。

对此，我们给出如下的理由：首先，对“材”的理解应该更宽泛些，特别是在思想政治教育的实践里。“中人以上，可以语上也；中人以下，不可以语上也。”[②]从孔子的这句话可知，“因材施教”之“材”的内涵应该指向学生自身的才识水平。其实不然，特别是在课程思政的实践里，“因材施教”之“材”还应包括教师的执教之材，或者更确切地说任课老师的执教素养。因为每一位任课老师都遇到过育人实践里的“心有余而力不足”的情况。这种情况的产生原因有两种：一是拥有的育人资源匮乏；二是处理教学资源能力的欠缺。课程思政的育人实践是这样，思政课程的育人实践也是这样。面对统一的教材，不同思想政治素养的学生，如何使自己的育人实践体现出“因材施教”的特点，这确实是一个难题。所以说，要因教师之材实施育人实践，要依据学生差异化的思想政治素养进行个性化的育人实践，这才是育人的关键。

① 程颢，程颐．二程遗书［M］．上海：上海古籍出版社，2000：86.

② 杨伯峻．论语译注［M］．北京：中华书局，2006：69.

其次，“教”的内涵应该与“材”的内涵一样，也要有更为宏观的理解。在传统的学科教学实践中，“教”的内涵被人为地赋予了单一的指向，即教学的实践。当这种思维定式被转移到育人实践中的时候，思想政治教育里的“因材施教”之“教”也就与“育人实践”具有相同的含义。其实不然，无论是在学科教学的实践中，还是在思想政治教育的育人实践里，“教”与“学”都是同义的——这是源自“教学相长”的思考。

虽有佳肴，弗食，不知其旨也；虽有至道，弗学，不知其善也。是故，学然后知不足，教然后知困。知不足，然后能自反也；知困，然后能自强也。故曰：教学相长。兑命曰：“学学半。”其此之谓乎？[①]

上述引文用形象化的比喻对“教学相长”原理的深刻内涵进行了说明。教与学的关系在现实的育人实践中应该体现出对立的统一。从某一次具体的育人实践来看，教与学是对立的，但若要从整个育人的实践来看，教与学又是统一的。教亦是学，学亦是教。教者在教的过程中增长自己的执教能力，学者在学习的过程中增长自己的政治素养，所以才有了引文里“学学半”的结论。“学学半”中第一个“学”的词性是动词，指教学或者说是指育人实践；第二个“学”是名词，指被教育者的学习活动。故而，“学学半”其实是对“教学相长”的诠释。

再次，材与教的关系问题。在思想政治育人实践里，“材”与“教”之间关系更为复杂。“材”是用以育人的材料，一是指教师所拥有的育人资源；二是指育人出发点，即学生的思想政治素养。“教”是指具体的育人实践。决定育人实践的因素并非只有学生之材与可用于育人实践的教学材料，还要有育人规律。即使任课老师有机会把自己拥有的全部教学素材用于全部的育人实践，那也不一定能够取得最佳的育人效果。究其原因，恐怕与忽略了育

① 倪敏达.《礼记·学记》的教育智慧：《礼记·学记》细讲［M］. 北京：中国华侨出版社，2016：45.

人规律密切相关。故而“因材施教”之“因”虽被诠释为“凭借”，但思想政治育人实践所凭借的却不仅仅是教之资源与学生之素养水平，至少还要有思考育人规律及其对育人实践的制约作用。

最后，“因材施教”是一种育人理念，也是一个具体的育人方法。从理念层面上理解，因材施教可有多种育人途径选择，故而才能把狭隘的思想变成多维的实践。同时，多维的育人实践因其有共性的表达，故而才被抽象为具体的理念。

二、中外“因材施教”的演变

并非只有中国古代的教育家对“因材施教”的理论情有独钟，国外的教育家也意识到了“因材施教”的理念。

（一）国内的“因材施教”

在国内，“因材施教”是儒家教育思想体系的重要组成部分。“因材施教”起源于对学生差异性的发现。只有发现了学生间的差异，老师们才能想到运用不同的方法去教育他们。这在《论语》一书所记录的教学实践里得到了证实。在《论语》一书里，有许多语句都谈到了学生间的差异。子贡问老师子张和子夏两个人谁最聪明的时候，孔子给出的回答是子张有些过分，子夏有些不及。面对这一“模棱两可”的回答，子贡又追问了一句：是不是意味着子张更聪明一些呢？孔子给出的答案是：过分与不及均不好。孔子的两次回答都是肯定的。“过”与“不及”其实就是对学生差异的认定，正是基于这样的现实，孔子的学生们也非常关注各自之间的差异。子贡就曾发现了自己与颜回间的差异。子贡认为颜回能够以一知十而自己则做不到这一点。虽然子贡认为自己“闻一知二”的现状有谦虚之嫌，但正是这样的谦虚才让因材施教得以实施。

教之异是“因材施教”的重要特征。因为学生的接受能力存在差异，所以为了取得同样“发展”的效果，教之实践必须也是有差异的。学之异与教之异的相互匹配是因材施教的重要表现。所以孔子说“君子不器”。每一个人都应该有自己的发展方向，而决定发展方向的前提则是对学生差异的发现。基于这样的现实，孔子又提出了“知者不失人，亦不失言”的育人理想。什么样的教育是“失人”呢？孔子的答案是应该说的话而未与之讲。什么样的教育才是“失言”呢？孔子的答案是把不应该说的话讲给了不应该听的人。

孟子细化了孔子“因材施教”的思想，继而提出了“君子之所以教者五：有如时雨化之者；有成德者；有达财（材）者；有答问者；有私淑艾者。此五者，君子之所以教也”。[①] 从孟子如此的细化中可知，因材施教思想指导下的育人实践是“育人有法，法无定法”的。“雨化”其实就是指教师要尽量少打扰基础好的学生，让其自己成长。对于已具备一定思想政治素养的学生，要通过恰当的方法去不断地提升他们的素养，引导他们向更高的层次发展……因学生的个体差异去发展他们的特长。授之以鱼，不如授之以渔——这才是真正的因材施教。

儒家思想重视因材施教，其他各学派也仍然强调因材施教。只不过是因为这些学派的影响没有儒家思想影响大而被众人忽视了。墨家的创始人墨子曾这样说：“能谈辩者谈辩，能说书者说书，能从事者从事。”从这一引用可知，培养学生特长的原则应该是以学生的接受能力为基础。与能辩者谈辩，这是取之所长，用之所长；与能说书者讲书，这也是取之所长。但当两者放在一起的时候，我们就会发现这样的育人思想其实就是因材施教。因为，把一个善辩的人培养成说书之人，这是很困难的一件事；同样，把擅长说书的人培养成辩才，这也是一件非常困难的事情。从这点上看，不但儒家强调因材施教，墨家也强调因材施教。只不过墨家的影响没有儒家那样深远罢了。

除了儒家和墨家之外，道家似乎更强调因材施教。因为，“因材施教”的思想与其“道法自然”的理念是一样的。“道法自然”中的“自然”，不

① 杨伯峻．孟子译注［M］．北京：中华书局，2008：250.

仅指自然界的发展规律，也指培养对象自身的现有条件，更指教育自身的规律性。为了强调这一点，庄子曾在《庄子·达生》里讲述过一个“佝偻丈人捕蝉”的故事。该故事讲述佝偻丈人举竿捕蝉从未失手。孔子发现后就向佝偻丈人讨教。佝偻丈人这样解释：天地虽大，万物虽多，只要我们的注意力集中到蝉上，就可以做到这一点。佝偻丈人只是一个捕蝉的老人，他不可能像哲学家那样用极具理性的语言来诠释此事背后的道理。我们理性分析此事就能知道，佝偻丈人从不失手只是因为他巧妙地利用粘蝉工具的特殊性和蝉的特殊性而已。当捕蝉工具上的粘网与蝉的羽翼合二为一的时候，“因材施用”的思想就得到了完美体现。而此时的“因材施教”与“因材施用”的意思是大体相似的。

在道家思想体系中，最能体现因材施教思想的故事是“庖丁解牛”。庖丁解牛故事演绎的内容，与其说是展现庖丁的解牛技艺，不如说是在向世人强调掌握规律的重要性。因为，换成其他的人，只要他能掌握牛的身体结构特点，他也能像故事中的主人公那样，快速而精准地分解牛体。解牛如此，育人也是这样。只要掌握了育人的规律，即使学生的自身条件有所差异，他们也会被培养成为社会的有用之才。

（二）国外的“因材施教”

国外的教育家与中国古代的圣贤们一样，都非常关注因材施教的问题。作为一种教育理念，因材施教在其教育实践中已有充分的体现。

大教育家柏拉图曾把一个人一生的教育分成五个阶段，并为每一个阶段确定了不同的教育内容。他主张 3 到 6 岁的儿童接受教育的最佳形式有三：讲故事、做游戏、唱歌；6 岁之后应该接受国家教育。这段时期内的教育仍与 6 岁一样，以感情教育为主。17 岁到 20 岁之间的教育则重点在于道德养成教育。培养他们的公德意识，提升他们的个人修养。20 岁到 30 岁的时候，极少数的人才能继续学习辩证法。最后，这极少数的人之中，才会有哲学王。[①]

在这段引文里，柏拉图的因材施教思想体现在三个方面：第一，因学习者的成长规律进行分段教育。不同的年龄段，不只是教育形式的不同，而且更有教育场所选择上的差异。讲故事、唱歌适合在神庙里进行。而与之相对的理性学习，如道德养成教育则更适合于特定的教育场所。第二，教育内容的规律性设置。感性内容与理性内容的分学段配置，则是课程设置规律的体现。从感性到理性的螺旋式上升，这是认识规律，更是学生身心成熟的规律。第三，教学内容与学习阶段的整合则是“因材施教”之“教”的体现。因学生的身心差异和学习内容的差异分配教学内容，这本身就与孔子等人的教育主张是一致的。

三、因材施教需要注意的问题

实施因材施教式的思想政治教育，我们应该关注的问题有哪些呢？这是细化因材施教式育人实践的前提。

（一）因材施教是必然需求

在班级授课制下，因材施教成了思想政治教育的必然选择。班级授课制下的育人实践具有诸多的“统一”，当这些“统一”与学生的“新异”成为一对不可调和的育人矛盾时，因材施教势必成为必然的选择。

统一的教材编写意味着统一的教学内容，然而面对存在着个体差异的育人对象，任课老师要被迫选择因材施教的育人方式。特别是课程思政的实践里，这一点表现得尤为突出。同样是培养学生的文化自信，同样是利用文化专有项的翻译实践为育人途径，不同的教师会选择不同的文化专有项。《三国演义》的翻译里有文化专有项，《红楼梦》里也有文化专有项。除去这些小说里的文化专有项之外，许多文论里也有文化专有项，《文心雕龙》里有，《道德经》里也有。究竟应该选择哪些文化专有项呢？这要以学生的实际情况为标准。

① 刘传德．外国教育家评传［M］．北京：北京师范大学出版社，2006：14.

虽然“英译中国文论典籍正是弘扬中华文化的有力举措”[①]，都能培养学生的文化自信，但选择哪一种翻译实践，培养的效果却是完全不同的。

“习近平总书记在全国高校思想政治工作会议上强调：‘把思想政治工作贯穿教育教学全过程，实现全程育人、全方位育人’，要‘因事而化、因时而进、因势而新’。”[②]引文是对清华大学育人实践的总结。如果说“因事而化”强调的是“教”，那么“因时而进”则是依据材料的不同而进行个性化育人实践的重要表现。“因势而新”的重点落在“教”上，“因势”之“因”也是“凭借”的意思，“新”则是诸多因素影响下的个性化的教。

（二）聚材是因材施教的特点

正如上述我们的分析，因材施教的关键是对“材”的确认，而“聚材”就是我们确认的必然结果。只有把其贯穿于全部的育人实践，它才能彰显因材施教的育人特点。

首先，育人对象是经过高考选拔这一“聚材”的方式实现的。经过高考的选拔，大体相同或相似水平的学生被选拔出来后，分配到了不同的高校。这就为因材施教的实施夯实了育人的基础。其次是教之层面上的“聚材”。在育人实践的层面上，教之“聚材”就是集中高校及其拥有的教学资源。众所周知，“林枫计划”是清华大学以因材施教方式育人而形成的重要成果。对这一因材施教育人成果中的“聚材”可以这样理解：

学校层面上的聚材是前提。集中了全部的育人资源，学校才能实证因材施教的育人活动。为了实施这一计划，清华大学组织30多位马克思主义学院的教师担任导师，并且在此基础上，又邀请了本校的经济学家参与育人的指导工作——因材施教之教学之“材”的准备。在学的层面上，激发学生内在

① 胡作友，张小曼.《文心雕龙》英译，一个文化的思考［J］.学术界，2010（09）：124—132+286.

② 刘承昊，华表，丁威.高校思想政治理论课“因材施教”典型创新案例研究——基于清华大学思想政治理论课教学实践创新［J］.北京教育（德育），2018（11）：59—63+85.

学习动力，将马克思主义理论学习、研究和传播真正内化为学员的自觉追求。① 据引文可知，组织30名教师共同参与育人实践，这本身就是“聚”教之“材”的表现。特别是当“邀请本校经济学家”成为一种现实的时候，清华大学的“聚材”更为明显了。正是基于这样的准备，清华大学那独具因材施教特色的育人实践才取得了成功。

其次，“聚材”是因材施教育人实践的准备，也是育人实践的核心。换而言之，只有聚材的准备是不能实现因材施教育人实践的。在育人实践里，学员的自我参与程度体现着因材施教育人的水平。学员自我教育、自主教育、自觉教育。坚持教育与自我教育相结合的原则，既注重教师的主导作用，又注重启发学生的自我教育。② 引文中对“自我”“自觉”“自主”的强调，更能体现“因材施教”的特点。“自我”“自觉”“自主”具有层次上的渐进性，能够自我教育的学员，他们才能自主教育；自主教育之后才有自觉教育。正是这育人实践上的渐进性，才把“因材施教”之“因”的内涵演绎得淋漓尽致。

“聚材”是因材施教育人设计的核心。育人要在理论与实践的联合中实现。当理论与社会实践整合到一起的时候，理论与实践的相互影响就表现得十分明显。或者更确切地说，实践资源上的“聚材”与理论上的“聚材”同样重要，理论与实践资源上的“聚材”与育人主体——教师资源的整合同样重要，这就是清华大学“林枫计划”的经验总结。

在“革命老区红色实践”与“现代新农村调研实践”整合的育人模式的构建中，许多红色育人的实践资源被整合到了育人过程中。当革命老区遵义、延安与堪称现代基层典型的华西村、小岗村等整合到一起的时候，学生们感受到的不只是老一辈革命家的奋斗情怀，更有对国家发展幸福感的体验。尤其当传统课堂育人被撰写调研报告为特征的实践育人方式所取代的时候，因材施教的实践就得到了彰显。

① 邓喆．高校马克思主义理论研究学生因材施教计划的探索与实践——以清华大学“林枫计划”为例［J］．思想理论教育导刊，2020（06）：146—150.

② 刘书林．思想政治教育学原理专题研究纲要［M］．北京：人民出版社，2018：127.

（三）供需平衡是因材施教的目标

因材施教的终极目标应该是对供需平衡的追求。对此育人层面上的“供需平衡”可以这样理解：

“供”着眼于“教”，是向学生提供的育人资源。向学生提供的资源过多，一般会产生如下几种危害：第一，过多的育人资源准备会耗费教师大量的教研时间。传统的资源需要转化，现有的资源需要斟酌后选择，故而只有恰到好处的资源准备才是最佳的选择。第二，与育人资源过多相对的是育己资源的匮乏。如果育己资源匮乏，那么我们的育人实践就会因资源的缺乏而导致效果欠佳。

“需”着眼于“学”。如果不把握育人对象需要什么样的育人资源，同样也会对育人效果产生这样或那样的影响。一般而言，这里的“需”可从数量、类型两个层面上理解。一是“数量”上的过多或过少，会使学生选择中的随意性增大。学与教是一样的，并不是老师提供的全部资源都要为学生所接受。他们可以依据自己的兴趣爱好，有针对性地选择适合自己的学习资源。任何一次的资源选择都会影响到最终的育人效果，因而，选择需慎重。与数量过多相对的是数量上的过少。面对有限的学习资源，学生没有任何的选择余地。虽然这样的情况会相对减少选择的难度，但它也衍生出另一个问题：资源与需要的匹配度会降低。继而在无奈的选择之中，育人效果也仍然会大打折扣。二是育人资源上的过多或过少。理论资源与实践资源的育人效果和古代育人资源与现代育人资源具有同样的价值表现，都会因学生的个人喜好而产生不同的效果。学生的个人喜好会影响育人效果，学生们的选择也会影响到最终的育人效果。就如上述清华大学的“林枫计划”，其他学校的学生不一定拥有选择去延安等革命圣地实践的条件。一则是因为学校没有这样的组织，二则是因为地理距离的问题。因而，只有因地制宜的资源提供才能满足育人的需求。实践资源是这样，理论资源也是这样。并非所有的学校都拥有清华大学那样的育人资源。2018 年清华大学曾组织学生们到圣彼得堡参观并在导师的带领下，经过激烈的讨论，明确了马克思主义为什么诞生在欧洲的原因。这样的育人方式与经历，恐怕是其他院校的学生所不能拥有的。但同样的育人效果却可在其他形式的育人实践中取得，但其前提则是因材施教式的育人实践。

“因材施教”之“施”，则是供需之间的一种精准对接。精准对接是内在的表现，平衡则是外在的彰显。“平衡”强调的是数量上的恰到好处，更是质量上的客观保证。

第三节　协同育人理论

协同育人理论备受思想政治研究者的关注。在众人的关注中，我们应该厘清如下几个方面的问题：协同育人的界定、协同育人的可行性与必要性、协同育人的前提、协同育人的原则、协同育人存在的问题。

一、协同育人的界定

协同育人的界定可在借鉴中完成。因而，我们要先列举他人的界定，再分析其产生的背景，而后才完成我们的界定。

（一）协同育人的理论追溯

“协同育人”的理念是一个舶来品，最早出现在欧洲。对其理论渊源，有研究者给出了这样的结论：

协同理论是由德国物理学家哈肯在 20 世纪 70 年代提出的。他认为，“自然界是许多协同组织起来的统一体，这许多系统就称小系统，这个统一体就是大系统”。[①] 引文表明，协同的理论是由哈肯确立的。同时，引文也表明，协同理论的发现源自哈肯对自然科学的研究。正是由于自然界的运转是许多小系统的协同运作，故而任何一个大系统下，都存在着许多小系统间的协同动作。如果把思想政治育人比作是一个“大系统”，那么归属于这个大系统的“课程思政”育人小系统与“思政课程”育人小系统之间也必然会存在着协同问题。

---

① 宋国庆 . 中国古代文学史“课程思政”协同育人形式探析［J］. 长春师范大学学报，2021，40（11）：122—124.

（二）他人的界定可借鉴

从语言学上分析，“协同育人”是由“协同”和“育人”整合而成的。“协同”是指“育人”的原则、方法与途径；“育人”是协同的结果与追求。故而对什么是“协同育人”，有研究者给出了这样的界定：是指各个育人主体以人才培养和使用为目的，在系统内共享资源、积聚能量的有效互动。①

引文对“协同育人”的界定概括性极强。为了理解协同育人的内涵，我们还需要对其进行如下的分析：

首先，协同育人的实践要有层次性。这里的层次性是指育人主体层面上的协同。即上述定义里所谈到的，存在于主体层面上的资源共享——这就是教育层面上的资源协同。与此同时，这种协同还可细化为学科间的相互协同，甚至是校际间的育人实践。例如，作为一种社会热点，理财案例可以融入不同学科的育人实践里，也可以融入不同院校的育人实践中。

“笔者以个人理财课程为例，深度挖掘课程中蕴含的社会主义核心价值观和家国情怀、国际视野、创新思维、工匠精神等思政教育元素，以‘社会热点线、从业分享线、法律政策线’三线融合构建点线结合的个人理财课程思政价值链，推进高职专业课程思想政治教育的有效实施。”② 分析引文的案例可知如下的事实：

第一，理财案例的育人价值是多维的。核心价值观、家国情怀、工匠精神等都蕴含在理财的案例里。因而，这类资源可以广泛地被运用。第二，“社会热点线、从业分享线、法律政策线”的育人模式，可以选择多个案例。即使不再分析文中的其他事实，我们也可以感受到资源协同是利用理财案例进行育人实践的重要特点。同时，从育人结果上讲，当这些借助理财案例所育的学生成长为研究生的时候，校际间的协同育人也就变成了一种现实。因而

① 崔晓丹．大学生思想政治教育主渠道与主阵地协同研究［D］．北京科技大学，2021：24.

② 卢玲珠，沈佳楠．基于学科育人的高职专业课程思政融合路径探索——以个人理财课程为例［J］．安徽电子信息职业技术学院学报，2021，20（05）：34—39.

说，协同育人是有层次性的。更何况，既然教的层面上存在着资源协同的问题，在学的层面上也必然会存在着资源协同问题，故而在这样的育人实践中就又多了一层“教”与“学”资源上的协同。

其次，“协同育人”的特征是“互动”。协同的产生需要依靠“师”与“师”之间的互动，需要“生”与“生”之间的互动，更需要“师”与“生”之间的互动。因而，这里所强调的“协同”应该是一种具有主动特点的协同。除了这些主动特点的协同之外，还有更为隐性的被动式的协同。正是基于这些“互动”的存在，“协同育人”才被认为是“积聚能量的有效互动”。

（三）古代协同育人经验要总结

虽然协同育人是个舶来品，但协同育人的实践却早已存在于高校的育人实践之中。下面结合《二十四孝图》这部体现育人资源协同特点的育人实践进行说明。

《二十四孝图》是一部以体现育人资源协同为特点的育人素材。虽然其中有许多案例因不切合实际而被众人批评，但其书中仍然有许多经典故事可以在彼此的协同下，实现育人的目的。

《二十四孝图》的二十四个故事分别是：孝感动天、亲尝汤药、啮指痛心、百里负米、芦衣顺母、鹿乳奉亲、戏彩娱亲、卖身葬父、刻木事亲、行佣供母、怀橘遗亲、埋儿奉母、扇枕温衾、拾葚异器、涌泉跃鲤、闻雷泣墓、乳姑不怠、卧冰求鲤、恣蚊饱血、扼虎救父、哭竹生笋、尝粪忧心、弃官寻母、涤亲溺器。

暂且不论上述二十四个故事的真伪与其是否具有可操作性，仅从其传承的作用上讲，这二十四个故事相互协同，共同作用于施教的过程中，它起到了这样的育人效果：“二十四孝”是我国古代尽孝典型人物的故事集合，自汉朝萌芽，流传了两千余年，传播范围较广，呈现载体囊括了我国大部分的艺术形式，受众涵盖各个阶层，可谓是源远流长。[①] 这段话总结陈述了三个事实：一是育人资源上的协同。这其中的每一个故事虽然也能实现育人效果，但单一的故事运用肯定不及二十四个故事共同作用的效果。育人的实践就有如反复的修辞的效果那样，多次的重复肯定会让阅读者记忆犹新。更何况上述二十四个故事的主人公既有皇帝，又有普通百姓，在“总有一个故事适合你”的育人实践中，孝道文化才得以传承。同时，引文还确认了《二十四孝图》对孝道文化传承的影响。其中，从汉至今流传了两千余年，这是对其影响的历时性分析；故事的“载体”扩展到大部分艺术形式，是对其艺术影响的概括；最应该关注的是《二十四孝图》影响的广度的总结。各阶层的育人对象都能接受本书的影响，这不能不说其影响广泛。

在上述事实里，我们可以得出这样的协同育人经验：育人案例的协同直接影响到育人效果。

首先，多维案例协同最重要。上述二十四个案例是极有特点的，从故事发生的时间上讲，这二十四个案例产生时间的跨度极大。从产生的地域上讲，二十四个故事的覆盖范围也极广。从故事的内容上讲，几乎囊括了全部的日常生活。有为了治疗父母病痛而诞生的“亲尝汤药”，有为了解决生活危机的“百里负米”，有为了缓解亲人饮食欲望的“卧冰求鲤”，甚至还有为了使双亲愉悦的“戏彩娱亲”等。从物质生活上的精心侍奉，到精神世界上的入微关照，这些案例故事都为如何尽孝提供了重要的参考。

其次，载体协同最重要。二十四孝故事的载体，不只是文本，还有更为通俗的《二十四孝图》。以图示内容，这是二十四孝故事得以广泛流传的重要原因。除此之外，还有以木刻版画为载体的故事，还有以雕塑为载体的故事……凡此迥异的载体，使故事的内容在不同阶层的民众中得以流传。从现代育人层面上讲，载体的不同，意味着育人途径的不同，多维育人途径的协同，似乎更重要。所以才有了现在的思政课程育人、课程思政育人以及校园文化

① 杨鹏举．“二十四孝”传播研究［D］．河北师范大学，2020：23.

育人等途径的存在。

再次，批判性的继承要传承。二十四孝故事流传至今，已有许多故事不适合作为育人案例了。如何区别使用这些故事案例，鲁迅的《二十四孝图》给了我们重要的参考——批判性的继承最重要。取其精华，实现案例协同；去其糟粕，增删替补之后也可以实现协同。从另一个层面上讲，批判的过程是理解案例的过程，更是对“孝”之文化深入思考的过程。这就有如育人课堂上对案例的讨论一样，更能激发学生对“孝”文化的思考与关注。

（四）我们的界定有理由

依据上述分析，我们可这样界定所谓的“协同育人”：以协同理论为指导，以实现育人系统内部各子系统及诸要素间的高效互动为目标的育人实践。

对上述界定，我们给出如下的理由：

首先，作为一项实践，协同育人离不开理论指导。如把“协同育人”视为一个大系统，那么其下属子系统就应包括“理论系统”与“实践系统”。两者的高效协同才能彰显理论对实践的指导及实践对理论的检验。在“理论系统”下，它又可以分为“协同理论系统”与“其他育人理论系统”两个子系统。协同理论系统是对后者如何综合运用各种育人理论，或者更确切地说如何实现诸多育人理论之间的协同提升指导。“实践系统”与“理论系统”的构成也是一样的，它也可以再细分为若干子实践系统。因而说，作为一项实践，协同育人的指导理论是多维的而非单一的，仅有协同理论指导下的育人实践是不充分的，也是不完善的。

其次，高效互动是协同的终极目标。系统与系统的协同有一个共同的目的，即追求最高效的互动。协同表现为互动，但互动的目标却是高效的互动。虽然所有的互动都能体现出协同的特点，但只有最高效的协同育人才是最精准的思政。

二、协同育人的可行性与必要性

协同育人被视为高校育人改革的着力点。它的可行性与必要性应该分开来谈。

（一）协同育人的可行性

协同育人已被付诸实践并取得了一定的成果，因而，它是可行的。比如，“上海高校探索基于协同育人的课程思政工作模式，建立思政课堂显性教育与其他课堂隐性教育的协同育人工作理念，打造思政教师与其他课教师全程、全方位的协同育人主体，构建思想政治理论课与各类课程同向同行的协同育人工作机制，旨在提高思想政治教育工作的科学性与有效性，对于培养社会主义事业的建设者和接班人具有重要的理论意义和实践价值。”① 引文是对上海高校协同育人实践的总结，从这样的总结里，我们可以发现如下证明协同育人可行性的理由：

理由一：在协同育人理论的指导下，上海高校凭借自己的育人实践已构建协同育人的模式化操作实践。在育人实践里，这种模式已被细化为“建立协同育人理念＋打造协同育人主体＋构建协同育人机制”。细析这一育人模式，我们可发现它是由“理论＋实践＋个性化育人实践”的结构方式构建的。建立理念是为了获取协同育人的理论指导：“协同育人主体”的打造，则意味着上海各高校已把协同育人理论付诸了实践；“构建协同育人机制”的实践，则意在强调协同育人的个性化。协同育人实践不抹煞现有育人实践的特点而依据协同的理论，强调各地育人实践的特色化发展。故而，上海高校的协同育人模式并不适合其他各地高校的育人实践。

理由二：协同育人可以强化现有育人系统之间的互动。正如引文所言，协同育人主体可以彼此协同，思政课程育人与课程思政育人之间也可以彼此互动。思政课程与课程思政各具特点，彼此间的互动可以实现互补的育人效果。

① 高锡文．基于协同育人的高校课程思政工作模式研究——以上海高校改革实践为例［J］．学校党建与思想教育，2017（24）：16—18.

理论知识的学习主要依赖思政理论课；而理论的运用与实践又离不开其他的学科课程。因而说，协同育人其实是具有互补性质的育人实践。

理由三：从理论到实践再到育人成果，上海高校的协同育人都已被证明是切实可行的育人过程。协同育人在强调育人科学性的同时，也在极力彰显育人的有效性。从而才能培养出符合时代要求的社会主义建设者和接班人。换而言之，协同育人理论在实践中彰显出的现实意义与理论价值，决定了协同育人的可行性。

（二）协同育人的必要性

协同育人的必要性可从如下两个层面总结：首先，落实育人要求需要协同理论的指导。“各门课都要守好一段渠、种好责任田，使各类课程与思想政治理论课同向同行，形成协同效应。”[①]——这是习近平总书记提出的要求。“梳理各门专业课程所蕴含的思想政治教育元素和所承载的思想政治教育功能，融入课堂教学各环节，实现思想政治教育与知识体系教育的有机统一”[②]——这是教育部提出的育人要求。这两则要求有一个共同的特点，即“协同”。习近平总书记的要求里，明确提出了“协同”的理念。只不过习近平总书记的强调重点是“课程”间的协同；教育部的要求里也提到了协同的理念，只不过其强调的重点在于课堂教学环节上的协同，是思政教育与知识体系间的协同。本着对上述要求的细化，我们的育人实践也不能缺少协同的理论指导。

其次，相对充分的研究成果有待付诸实践。协同育人已付诸实践且取得了相对丰硕的成果。利用相对成熟的育人理论去指导实践是非常可取的实践，况且协同育人已成为思想政治育人研究的焦点。当我们以“协同育人”为关键词进行论文搜索，知网上获取的结果已达 9783 篇。再细读这些搜索的结果，我们又可以发现，有关协同育人的研究已相对充分。如果说在“协同育人”

① 戚静．高校课程思政协同创新研究［D］．上海师范大学，2020.

② 戚静．高校课程思政协同创新研究［D］．上海师范大学，2020.

视角下探讨高校教师队伍建设问题是意在明确育人主体的协同；那么把“精准教学”与“协同育人”整合，则是意在发现高校思政育人的新的着力点；如果产、学、研整合到一起探讨协同育人的问题是旨在细化协同育人的实践，那么在课程思政的背景下，解析辅导员与专业课教师的协同育人实践，则是不同育人主体间的协同。

三、协同育人的前提

“全面互动”是协同育人的前提。这里全面包括育人场域间的互动与育人资源上的互动。

（一）育人场域间的互动

在以往的研究中，大家关注的焦点都集中到了育人主体间的协同上，其实不然，育人主体的背后是育人场所的变迁。作为育人场所，家庭、社会、学校与网络都可以纳入协同的范畴。虽然育人主体可在发挥其主观能动性的过程中降低育人场所给予育人效果的影响，但育人场所对育人效果的制约作用仍然不可忽视。协同育人研究中，有人关注校企协同的问题，有人关注家校协同的问题，还有人关注网络育人与社会、学校育人的问题。场所协同的背后，其实就是育人主体间的互动。

（二）育人资源上的互动

育人资源可分为实践资源与理论资源两类，两类资源的互动正好完美地诠释了理论与实践之间的相互关系。比如，杜甫及其作品是中国文学史唐宋文学史部分重点讲解的内容。杜甫的一生可分为四个时期，即读书壮游期、困居长安期、陷贼为官期、漂泊西南期。针对这四个不同的时期，杜甫有《望岳》《自京赴奉先县咏怀五百字》《兵车行》《丽人行》《春望》“三吏三别”《蜀相》《登高》等重要作品。这里列举的每一篇作品都可以成为向学生进行爱国教育的素材。与此同时，讲解中国文学，“延安文艺座谈会”

及受其影响而诞生的《子夜》《林海雪原》等，又都是我们培养学生文化自信的媒介。所以结合文学史课程思政的实践，我们就会发现其“课程思政”的实践背后其实就是学科资源与新时期育人理论的互动。而育人效果的显现，则又取决于互动的程度与范围。否则，也就不会有人这样说了：课程思政建设的基础在课程，重点在思政，关键在教师，中心在院系，成效在学生。① 课程建设可以理解为是其与课程思政育人理论的互动；“重点在思政”就是学科教学与思想政治教育的互动；而“关键在教师”之说，则彰显的是师生之间的互动。“关键”除了强调育人实践中教师的主体作用之外，还意味着在这一育人实践之中还有其他因素的参与。选择什么样的育人资源，确定什么样的育人方法，设计什么样的育人途径……这里列举的与没有列举的育人因素都要在协同的理论下互动后才能彰显协同育人的价值。

四、协同育人的原则

协同育人应该坚持的育人原则主要有五：目标协同下的育人途径拓展原则，从量变到质变的育人目标原则，“模式化的构建与突破”的育人实践，理论与实践整合的育人改革原则，线上与线下课程整合的原则。

（一）目标协同下的育人途径拓展原则

育人途径的拓展可以从两个层面上题解：一是从共时的角度看，现有育人途径数量上的增加。“课程思政”这一育人途径的发展就是如此。“课程思政”中的“课程”原本被指向知识理论课的学习。如文学史的学习、文学理论课的学习再到偏理科专业教学里的“Android 基础应用开发”课程中思政育人实践，都是如此。现如今的“课程思政”实践已拓展到那些实践性课程中的育人实践上了。尤其在高职院校的育人实践里，实践课程中的育人问题正在引发众多研究者的关注。在产学研的整合背景下，高职院校的学生实践

① 李国娟．课程思政建设必须牢牢把握五个关键环节［J］．中国高等教育，2017（23）：28—29.

课程多是在企业里完成的。如何把企业文化纳入育人资源之中，这是所有高职课程思政研究者关注的焦点。企业是高职生实践课程的教学背景，企业文化是实践课程的构成要素，因而两者的协同对育人效果会起到重要的影响。因而说，从理论课程到实践课程的协同是育人途径的拓展，从学校到企业这种场域的整合也是育人途径的拓展。究其能够整合的原因则非目标协同莫属。

二是从历时的角度理解育人途径的拓展。原本未曾利用或未曾发现育人途径的出现，就是这种拓展的核心表现。“网络虚拟社区”成为育人途径的案例就证明了这一点。尽管这些育人途径体现出彼此本质上的不同，但其育人的目标却是一致的。故而说协同育人实践应该坚持“目标协同下的育人途径拓展原则”。

（二）从量变到质变的育人目标原则

先有量变后有质变，这本是哲学的观点，但它也可以用于指导协同育人的实践。所谓的量变是育人协同要素的增加，所谓的质变是指学习者品德、技能上的质变。

任何一次协同，任何一种协同，首先都表现为量变。例如，在一则探讨会计专业硕士生课程思政的文章里，在作者的阐释中就涉及如下多种要素的协同实践：

首先，教学设计理念上的协同。《高等学校课程思政建设指导纲要》这一 2020 年指导文件里就明确规定“显性教育与隐性教育协同”①。会计专业的硕士生的课程设置与本科生的课程设置存在着同样的问题。承担思想教育重任的会计职业道德课程与会计法律、法规课程都是以选修的方式出现的，这就导致思想政治教育深化后续无力的现实。与此同时，这样的课程设置更会增加思政课程与其他专业课程之间的界限感，从而降低育人的效果。从这个层面上讲，隐性课程与显性课程的协同还是传统课程设置与现代课程适应

① 教育部．教育部颁布《教育部关于印发〈高等学校课程思政建设指导纲要〉的通知》［EB/OL］.（2020—05—28）［2021—08—01］.http：//www.gov.

性改革的协同。

其次，专业课间的协同更重要。育人要素只有与专业知识的学习整合到一起，我们的育人才能在潜移默化中实现。为此，针对会计学硕士生的教学实践，有研究者把自己的育人实践总结成了如下这张表格所示的内容：

表 1　与课程知识相关的教学案例及其可挖掘的思政元素①

序号	课程名称	课程知识点	教学案例	思政元素
1	管理经济学	管理视角下的国际贸易	区域全面经济伙伴关系协定（RCEP）正式签署	爱国情怀、民族自豪感、建设国家的责任感与使命感
2	财务会计理论与实务	财务报告目标、会计信息质量要求	康得新财务造假案	职业道德精神、社会主义核心价值观
3	财务管理理论与实务	并购概念、并购动机、并购效果	思科系统公司发展模式	创新精神、探索精神
4	审计理论与实务	审计目标、审计责任、注册会计师职业道德	瑞华会计师事务所审计失败案	社会主义核心价值观、注册会计师职业道德
5	管理会计理论与实务	战略成本管理	宝钢集团价值链成本管理模式	创新精神、实干精神
6	金融市场与金融工具	金融市场、金融工具	保利地产首单央企租赁住房 REITS 项目	心系国家、关心民生
7	国际财务会计理论与实务（东盟）	中国—东盟自贸区的构建与发展	东方电气集团连续斩获越南宏秀陆上风电项目	探索精神“四个自信”
8	财务共享与集团管控	财务共享发展趋势、财务共享服务的意义	中国电信股份有限公司财务共享服务模式改革	自我革新精神、社会责任感

① 李保婵，黄森 . 会计专业硕士课程思政的探索与实践——以政府绩效管理课程为例［J］. 教育观察，2021，10（44）：111—114+119.

仔细分析引表可以发现，多个知识点与多个育人案例的协同，才能提升会计专业硕士生的思想政治素养。即，仅就育人效果而言，专业知识的教学只有在与其育人案例成正比的前提下，我们的育人实践才能实现育人实践里的供需平衡。当然，在这样的协同中，专业课之间的协同也非常重要。如果说“管理经济学”侧重的是对学生以“爱国情怀”为主的思想教育，那么“金融市场与金融工具”课程里借助“保利地产首单央企租赁住房 REITS 项目”案例则意在重点培养学生“心系国家、关心民生”的情怀。只有如此，学生的思想政治素养才能得到全面的提升，毕竟每一门课程都与众不同，每一门课程里的育人重点也应与这种不同相互匹配。所以从这点来讲，“专业课”协同数量上的增加，也能引发育人效果发生变化。

（三）“模式化的构建与突破”的育人实践

任何一个时期的育人实践与任何一个高校的育人实践都是在“模式化构建与突破”中实现的，协同育人也是如此。这就有如哲学理论体系中的否定之否定原理讲的那样，在不断的自我否定中，协同育人才更惹人注目。

首先，协同育人实践的模式化构建是哲学上量变与质变原理的体现。如果说育人形式的协同是不断的累加，那么这种累加所带来的量变势必会引发育人实践本质上的变化。“协同”强调的是累加，“育人”着眼的是教育。

从思政课程育人到课程思政育人的变化就例证了我们的观点。“‘课程思政’目前存在的问题主要集中在如何定位‘课程思政’，如何与思政课程协调衔接，如何与学科体系、教育教学体系、保障体系等有效衔接等问题。”[①] 引文在强调从内涵上准确理解什么是“课程思政”的同时，也在另一个层面上把课程思政育人实践里体现出来的协同育人特点表现得淋漓尽致。思政课程与

① 史巍．论以“课程思政”实现协同育人的关键点位及有效落实［J］．学术论坛，2018，41（04）：168—173.

课程思政的衔接如果被看成是一次协同育人的话，那么这种协同可视为育人途径上的协同。但也正是这种协同模式突破了传统的育人模式。同样的道理，如果把引文后续提到的思想政治育人体系与学科体系的有效衔接视为一次协同育人，那么这样的育人实践肯定是课程思政这一系统内部要素间的协同。

育人资源层面上的协同更值得我们关注。一般而言，育人资源可分显性的育人资源和隐性的育人资源两类。前者多指在教材里出现的育人资源，后者多指对育人对象产生重要影响的生活环境。都说近朱者赤，近墨者黑，其实在这一过程中，显性育人资源彰显的结果相对快一些，隐性资源的影响相对慢一点。故而我们可从“孟母三迁”的故事里发现协同育人的重要性。

“孟母三迁”的故事版本较多，但其却都体现着一个核心的育人理念，即协同育人的重要性：

版本一

邹孟轲之母也，号孟母。其舍近墓。孟子之少也，嬉游为墓间之事，踊跃筑埋。孟母曰：“此非吾所以居处子也。”乃去。舍市傍，其嬉戏为贾人炫卖之事。孟母又曰：“此非吾所以处子也。”复徙舍学宫之旁。其嬉游乃设俎豆，揖让进退。孟母曰：“真可以居吾子矣。”遂居。及孟子长，学六艺，卒成大儒之名。君子谓孟母善以渐化。

版本二

昔孟子少时，父早丧，母仉氏守节。居住之所近于墓，孟子学为丧葬，躄，踊痛哭之事。母曰：“此非所以处子也。”乃去，遂迁居市旁，孟子又嬉为贾人炫卖之事，母曰：“此又非所以处子也。”舍市，近于屠，学为买卖屠杀之事。母又曰：“是亦非所以处子矣。”继而迁于学宫之旁。每月朔望，官员入文庙，行礼跪拜，揖让进退，孟子见了，一一习记。孟母曰：“此真可以居子也。”遂居于此。

版本三

孟子幼时，其舍近墓，常嬉为墓间之事。其母曰："此非吾所以处吾子也。"遂行市旁，孟子又嬉为贾人炫卖之事，其母曰："此又非所以处吾子也。"复徙居学宫之旁。孟子乃嬉为设俎豆揖让进退之事，其母曰："此可以处吾子矣。"遂居焉。[①]

以上三个故事虽有不同，但其体现的育人思想却是一致的，即孟母的育人理念与育人环境的协同。正是在这种协同的育人实践中，幼小的孟子才能健康成长。孟母几乎在每一个故事的结尾处都要讲一句意思相同或相似的话：此真可以居子也。

其次，协同育人实践的模式化突破是在育人目标与育人要素的协同中获得突破的。随着时代的发展，育人环境——这一育人资源的构成发生着翻天覆地的变化。全媒体时代的到来，有研究者提出"构建协同育人平台—网络虚拟社区—课外实践场域'三位一体'的工作模式"。[②]引文所述育人模式的突破之处可这样总结：虚拟世界与现实生活协同中的育人突破了众人眼里原有的协同育人实践。网络本是一个虚拟世界，但当它与课外实践场域整合后，它的育人价值与功能却能得到极大的体现。"虚"与"实"原本是相对的，但却可以在育人实践里实现协同，这的确超出传统的育人实践。对于这种突破，从某种程度上讲，这样的模式突破，不只是现有育人形式上的变迁，更是育人理念上的质变。

（四）理论与实践整合的育人改革原则

理论与实践整合的育人改革可从三个层面上思考：首先，理论融入实践是对传统育人实践的改革；其次，实践经验充实理论是指导理论的完善、改革；

① 郭宏伟．赵岐《孟子章句》研究［M］．扬州：广陵书社，2014：25.

② 李朝静，奚社新，叶菁．论全媒体背景下研究生思想政治教育"三位一体"模式——以东南大学为例［J］．学位与研究生教育，2017（08）：5—8.

再次，理论与实践整合是新型育人实践的出现。“高等教育走军民融合发展的道路，不但是推进高等教育改革发展的必然选择，也是为富国强军战略提供人才保障的基础性工程。”[①]引文所阐释的内容是传统育人实践不曾有或者说不曾被育人者关注的育人实践。军民融合是国家人才培养战略之一。军队有军队的育人方式，高校有高校的育人原则，故而两者的融合其实就是军队与高校的协同育人。两者的协同中的育人途径拓展，其实就是传统协同育人模式从无到有的确立。故而这是改革。与此同时，军队与高校两种不同育人理论的整合，又在一定程度上拓展了原有协同育人理论的内涵，故而还是理论层面上的改革。军队与高校的协同育人实践，可以成为培养军事人才的途径，也可以成为培养地方经济人才的途径，还可以培养军地两用人才，因而，仅从培养对象上看，这本身就已改革了原有育人实践。因此，理论与实践的整合中，“改革”是有多方面体现的。

虽然上述军队与高校的协同已付诸实践，但这实践的模式却还未最终确立。故而随着这些问题得到解决，现有的理论也好，实践也罢，都将出现这样或那样的变化。故而“改革”的特点会更加明显。

（五）线上与线下课程整合的原则

协同育人还要坚持线上与线下整合的原则。特别是对本科生而言，更是如此。在中国大学慕课平台上，我们可以获取的学习资源是无数的。如果大学生慕课平台的构建中不重视协同育人的问题，那我们的育人实践也会出现问题。仅以中国大学生慕课平台上的工学课程里的“电气信息”专业而言，其下的课程就多达518门。如东北林业大学提供的“电路”课程、北京大学提供的“数字图像处理”等，数不胜数。

本课程系统介绍了数字图像处理中的基本概念、算法和原理，帮助学生

① 韩新明．中国高等教育军民融合协同育人的现状、问题与对策［J］．西南科技大学学报（哲学社会科学版），2019，36（01）：69—75.

系统地掌握除了数字图像处理的基础知识。课程从图像处理基础知识出发，按照基本概念⟶图像增强⟶图像复原⟶图像压缩⟶图像分割⟶图像特征提取⟶图像识别这样的层次化图像处理思路，帮助同学们渐进学习图像处理基本理论，系统掌握图像处理知识体系。本课程具有覆盖面宽、系统演示直观、深度广等特色。本课程由北京工业大学毋立芳教授及团队成员联合开发，团队负责人毋立芳教授长期从事数字图像处理领域的教学和科研工作，承担本科生的数字图像处理双语、硕士研究生数字图像处理、博士生的图像处理技术新进展课程，了解不同层次的学生的需求，并将其融入课程教学中。另外，毋教授长期从事图像处理、计算机视觉领域的研究工作，有意识地将部分系统的研究成果融入课程教学中，丰富了课程内容，保证了课程内容的先进性。①

从这段介绍里可以看出，"数字图像处理"慕课的教学对象囊括了从本科生到研究生；从教学内容上看，该课程包括了图像处理基本理论与技能的培养，若不能结合这样的课程进行育人实践，那么我们的课程思政就是不完善的。故而"数字图像处理"慕课的制作团队设定了这样的授课目标：

通过本课程的学习，要求学生掌握有关数字图像处理的基本概念、原理、方法及应用，培养和增强学生创新意识和创新思维，提高实际动手能力和创新能力，为学生进一步学习计算机视觉、图像分析理解等课程奠定基础，为学生从事图像处理、计算机视觉领域研究打下坚实的基础。②

这一目标中所提及的"基本概念"等知识的学习就是专业知识的传授与专业技能的培养，而后面提到的"创新能力"则是思想政治教育的主要内容。

东北大学王光的"中国传统文化概论"这门课程的介绍里也可以发现慕课里的思想政治教育。

①https：//www.icourse163.org/course/bjut−1463029161.

②https：//www.icourse163.org/course/bjut−1463029161.

“中国传统文化概论课程”通过为学生系统梳理中国古代思想文化衍生变迁的历史轨迹，内在特质及各学说、学派的相互关联。旨在培养学生能够站在今人的立场上对古代思想文化做现代性的把握，使得学生具备一定的历史感和批判意识，进而能够更好地理解、继承中华优秀传统文化。[①]

引文的内容与“数字图像处理”的课程说明具有相似之处，两者都在介绍课程专业学习内容的同时，阐释了在这门课程里应有的思想政治教育。对于“中国传统文化概论课程”而言，培养学生的“批判意识”可谓是最为重要的内容。一方面它涉及学生对古代文化知识的理解，另一方面涉及古为今用目标的实现。

线上课程如此，线下课程也是这样。在线下“中国古代文化概论”的课堂上，教师们首先要讲解的内容就是“文化”的定义。古人对文化的界定存在着分歧，正是这种分歧才使我们的“批判思维”培养有了可以依靠的媒介。在中国古代，《周易》里有“文化”的界定，《说苑》里有“文化”的界定，《尚书》里有“文化”的界定，《现代汉语字典》里还有“文化”的界定。这些界定的侧重各有不同，那么，究竟应该采取哪一种定义才更符合我们的生活呢？这就需要学生运用辩证的思维对其思考了。因此说，线上与线下的整合原则也非常重要。

五、协同育人存在的问题

目前的协同育人还存在哪些问题是我们持续进行协同育人实践的关注焦点。一般而言，在后续的协同育人实践里，我们应该重点关注如下的问题：

（一）微观问题

协同育人中存在的问题应该着眼协同育人的全部实践。现仅以高校协同

①https：//www.icourse163.org/course/NEU−1206692827.

育人主体的协同问题为例对此微观问题进行说明。

首先，有协同意识但协同能力欠佳。随着协同育人实践的深入发展，越来越多的老师与高校育人管理者的协同意识都已建立，但他们的协同能力却稍有欠缺。特别是在学科间的协同育人，高校内外的协同育人层面上，协同育人能力的欠缺表现得尤为突出。隔行如隔山，本学科内部的协同肯定要比不同学科的协同容易些。同样，校内课程间的协同肯定要比校内与校外的协同容易些，毕竟这些都在一个管理体系之内。

其次，协同育人效率欠佳。这里的原因是多维的，仅以思政课程为例，其大中小思想政治教材的一体化建设还存在着许多不尽如人意的地方。重复性的育人内容可能会反复地出现在不同学科和不同学段的课堂之上，或者说重复性的课程资源开发，也会影响到育人效率的提升。如屠呦呦的事迹，可作为植物学课程里的育人资料，也可以作为新闻学专业育人的资源，出现在新闻学专业的课程上。每一个学科老师若要运用这样的育人资源都需要进行各自的资源开发，故而会影响到全校的育人效果。解决这一困境的办法也很简单，即构建校级的育人资源共享平台。这样就会在相对节省备课时间的基础上，提升协同育人效果。这既是育人主体协同中存在的共性问题，也是育人主体协同中存在的个性问题。

再次，经验的总结不及时。协同经验的总结可以完善协同育人理论的构成，还可以为下次的协同夯实基础。故而，及时性的协同经验总结更为重要。研究家校协同经验的人多关注大学之前的家校协同，而对本科生而言、对研究生而言，家校协同育人有哪些经验可以总结呢？这是协同理论界研究中的空白。家庭教育具有传承性，大学生虽然在家的时间相对较短，但这家校协同的育人经历在影响他们自己的同时，也会被其延续下去，作为育人经验的累加传递下去。故而这样的经验总结，利在当今，功在千秋。

（二）宏观问题列举

在协同育人理论下，审视育人实践可以发现，“教育”“管理”“服务”

三个育人系统间的协同最重要。教育涉及的不只是知识传授，更是思想政治教育的渗透；管理，不只是课程思政与思政课程育人的设计与规划，更是涉及对其育人效果的评估；服务，是一种育人意识，管理者要服务于一线育人实践，一线育人实践要服务于学生的成长需求。故而三者如何协同，这是前所未有的育人问题。

协同育人间存在的问题是随着育人实践的发展而逐渐被发现，仅以育人主体的协同而言也是如此。上述的列举仅是共性且在目前阶段表现得尤为突出的问题，育人资源协同的实践还存在哪些问题，在协同方法与途径上还存在哪些问题，这都需要我们持续关注与挖掘。

第四章
大学生精准思政教育的构成要素

大学生精准思政教育的构成要素主要包括如下四个方面：精准思政教育的识别、精准思政教育的供给、精准思政教育的管理、精准思政教育的优化等。

第一节　精准思政教育的识别

精准思政教育的识别可从两个层面上思考：育人指导理论上的识别、育人实践上的识别。

一、育人指导理论上的识别

育人实践的设计需要理论的指导。因此，若要区分精准思政育人可首先从育人理论层面上对其进行识别。我们对精准思政的理解是：以“精准”为全部特征的思政教育。在理论的层面上，精准思政育人体系的构建具有如下的特征：精准思政的主要特征表现为精准教育、精准管理、精准服务。[①] 凡是具有如上三个特征的育人理论都可视为精准思政理论。

（一）精准教育

精准教育是运用精准思维解决教育问题的实践，即运用现代信息技术，精准地发现教育问题，精准地解决现存教育问题。所以，在许多有关“精准思政”的内涵界定里都出现了“5G”“大数据”和“人工智能”的字样。其实传统教育里也存在着精准思维，即使不运用这些现代化的信息手段，我们也可以获取精准的教育问题。孟母三迁的故事就是母亲通过观察的方法发现儿子教育中存在的潜在风险，故而才不断地搬迁。在孟母生活的那个年代里，没有数据分析，但她同样发现了儿子教育中存在的问题。可见，精准思政的方法是多种多样的，并不局限于现代信息化较强的大数据分析。

精准教育涵盖的范畴相对宽泛，从教学资源的精准挖掘到精准利用再到

① 刘绪平．精准思政：大数据时代高校思政教育的新理念［J］．佳木斯大学社会科学学报，2021，39（04）：63—66.

教育方法的精准选择与育人需求的精准识别，凡是与育人相关的一切都可以纳入其中。共性化的育人问题，可依靠现代化的信息化技术来解决，对于个性的育人问题，传统的育人方法仍然有效。特别是观察法的运用，更能彰显这一点。举例进行说明：

初，权谓吕蒙曰："卿今当涂掌事，不可不学！"蒙辞以军中多务。权曰："孤岂欲卿治经为博士邪！但当涉猎，见往事耳。卿言多务，孰若孤？孤常读书，自以为大有所益。"蒙乃始就学。及鲁肃过寻阳，与蒙论议，大惊曰："卿今者才略，非复吴下阿蒙！"蒙曰："士别三日，即更刮目相待，大兄何见事之晚乎！"肃遂拜蒙母，结友而别。①

引文的故事可视为一个由非专业教育者实施精准思政教育的案例。首先，孙权以一个管理者的身份精准地确认了自己的培育对象——吕蒙。正是因为吕蒙在军队里处于领导阶层，故而他不能不学习。其次，孙权找到一个精准的劝学理由。虽然吕蒙的借口看似符合现实，但他之所以能够被孙权驳倒，其根本的原因在于没有孙权的劝学理由精准。事实也的确如此，从两人负责的事务上比较，孙权的事务肯定要多于吕蒙，这并非以权压人。所以在事实面前，吕蒙只能听从建议。再次，精准的学习要求。孙权劝吕蒙学习并为其提出精准的学习要求，即，"但当涉猎，见往事耳"。只是广泛的涉猎，了解过往的历史并从中完成经验的积累。如果此时的孙权要求吕蒙去成为治经的专业人才，那显然与现实不符。不仅会徒增吕蒙的畏难情绪，而且吕蒙也不可能成为治经的学者。故而说孙权的要求是精准的。再次，鲁肃的精准评价。鲁肃对吕蒙的评价是基于认真考察后得出的。若无"与蒙论议"的过程，他也不可能得出"非复吴下阿蒙"的结论。鲁肃是文臣，吕蒙是武将，一个文臣对武将的才学进行评价应该最能说明学习效果了。这段故事还从另一个层

① 原爱民．资治通鉴译评［M］．太原：山西人民出版社，2013：56.

面，对精准评价的问题进行了说明，即，吕蒙对自己的评价。学习效果的评价，一方面要依赖他人的感受来实现，另一方面也要从自己的收获上来感悟。有时，学习者自己的评价似乎更重要。吕蒙给自己的评价是：士别三日，即更刮目相待。吕蒙这样的评价正好验证了鲁肃对自己的评价，这也就意味着“精准评价”可从育人主体与育人对象两者的整合度上思考。

（二）精准管理

高校的精准管理需要统筹规划。故而育人管理是否能够体现出精准的特点，这也是我们区分不同育人实践的关键。“加强和改进新时代高校思政工作，最为根本的是提高工作针对性。”[①] 精准管理可以在实现“精准到人”与“精准到事”的基础上，提升思想政治育人的效率。对此，可借鉴《史记》里的这则故事：

文帝之后六年，匈奴大入边。乃以宗正刘礼为将军，军霸上；祝兹侯徐厉为将军，军棘门；以河内守亚夫为将军，军细柳，以备胡。

上自劳军。至霸上及棘门军，直驰入，将以下骑送迎。已而之细柳军，军士吏被甲，锐兵刃，彀弓弩，持满。天子先驱至，不得入。先驱曰：“天子且至！”军门都尉曰：“将军令曰：‘军中闻将军令，不闻天子之诏。’”居无何，上至，又不得入。于是上乃使使持节诏将军：“吾欲入劳军。”亚夫乃传言开壁门。壁门士吏谓从属车骑曰：“将军约，军中不得驱驰。”于是天子乃按辔徐行。至营，将军亚夫持兵揖曰：“介胄之士不拜，请以军礼见。”天子为动，改容式车。使人称谢：“皇帝敬劳将军。”成礼而去。

既出军门，群臣皆惊。文帝曰：“嗟乎，此真将军矣！曩者霸上、棘门军，若儿戏耳，其将固可袭而虏也。至于亚夫，可得而犯邪！”称善者久之。[②]

---

① 徐艳国．以精准思维深入推动新时代高校思政改革［J］．中国高等教育，2019（1）：1.

② 司马迁著，李翰文编．史记［M］．北京．北京联合出版公司，2016：78.

故事的主人公周亚夫被文帝称为“真将军”就是因为其精准的管理。在这则故事中，精准管理的内涵至少体现在如下几个方面：

首先，与目标匹配的管理措施。此驻军细柳的目标，早在第一段里就有了明确的说明，即防备胡人的侵扰。既然是防范，那就要做到未雨绸缪。故而，细柳军营里，兵“军士吏被甲”“锐兵刃”“彀弓弩，持满”就是最典型的备战表现。时刻准备着面对入侵之敌，才能保护边塞的安全。

其次，细致入微无死角。既然是精准管理，那么管理制度就要涵盖每一个行动，就要约束到每一个人。即我们育人实践里的“问题到人”“问题到事”。每一个人都知晓自己要遵守的规矩，每一个人都知道在规矩的约束下如何去做事。这就是周亚夫给我们的育人启示。军门都尉的职责就是守护好大门，所以在没有将军命令的前提下，他把文帝劳军的队伍挡在军营之外。即使是文帝到来，军门都尉仍然没有放他们进入军营。特别是当军门都尉讲出“军中只闻将军令”的时候，更是把周亚夫管理艺术的真谛诠释得真真切切。当劳军的队伍进入军营后又被要求不得驱驰，这就表明军营里的每一个人都知道如何应对他们将要遇到的每一件事，或者说在周亚夫的管理中，每一件事都做好了预案。所以说，精准管理的核心在于细致入微。

军队管理如此，育人实践也是这样。若每一名老师都不知晓自己所承担的育人职责，这些老师又怎么能够像军门都尉那样，精心设计自己每一次的育人实践？这些老师又怎么能像壁门士吏那样像约束文帝的劳军队伍一样，约束自己课堂上的同学们，明确道理，规范自己的行为？

再次，责任到人是精准管理的核心。精准管理要责任到人，即明确每一个管理者应该承担的职责。军队管理与育人管理是一样的，在这个大系统工程中，每一个人都要有明确的职责。周亚夫管理军门都尉，军门都尉负责每一位士兵。故而没有周亚夫的命令，任何人都进不了军营。所以文帝的劳军队伍要经过“上乃使使持节诏将军”后才能成行。

最后，公平是精准管理的特点。在这则故事里，文帝与周亚夫之间的关系是值得细品的。普天之下，莫非王土。文帝要到军队中劳军本不必征得周亚夫的同意，可是事实是没有周亚夫的同意，文帝连军营都进不了，更不必说劳军了。这也就是说，在周亚夫的管理中，每一个管理对象都是平等的。这就与高校的育人管理者所面对的情况大体相似。在他们的管理中，自己与每一名从事育人实践教师的关系有远近，每一名教师与自己的学生之间的关系也有远近。如何处理这些关系会直接影响到最终的育人效果，故而我们不妨参照一下周亚夫的做法。

（三）精准服务

精准服务可从两个层面上理解：一是育人教师对育人对象所提供的服务；二是高校管理者向一线参与育人实践的老师提供的服务。尤其是后者更能为精准思政实践的全面铺开提供帮助。在精准思政的理论研究中，有研究者总结出需要高校为育人老师提供的服务共有四点：一是要建立数据采集分析系统；二是要构建研判预测决策系统；三是要建构动态评估反馈系统；四是要建立管理协同保障系统。①

这四个事关精准思政实践的系统建设非高校提供帮助而不能构建。仅其中的数据采集系统而言就是一件非常困难的事情。暂且不论其设备、设施的购买经费教师能否承担，仅其使用与维护都是一线教师所不能完成的。从数据采集的内容上看，数据的采集涉及思政课程的育人数据，涉及课程思政的育人数据，涉及育人效果的数据等。这显然又不是一位教师所能提供的。

二、育人实践上的识别

在育人实践上识别精准思政，可从如下几个层面上着眼：多学科协同的育人实践；大数据下的需求分析。

---

① 刘绪平．精准思政：大数据时代高校思政教育的新理念［J］．佳木斯大学社会科学学报，2021，39（04）：63—66.

（一）多学科协同的育人实践

精准育人实践具有协同的特点。从学科层面上讲，这是思想政治教育与非思政学科的协同育人实践。精准思政依托大数据推动，属于多学科交叉领域问题，涉及计算机、统计学，以及思想政治教育所涵盖的政治学、教育学、心理学、管理学等多个学科领域。①引文的列举也是不充分的，但仅从引文的列举里，我们也可发现，精准育人的实践最具多学科协同的特点。不同的学科间的协同，目的是为了形成育人合力。在这一过程中，不同的学科在育人实践里起着不同的作用。

首先，在政治学的学习中，师生的关注焦点主要集中在政治制度、行为、决策以及国家法律的问题上。政治学的学习始于对“政治学”内涵的理解，比较与梳理古今中外政治学的过程，既是我们深入理解马克思主义政治学定义的过程，也是我们引导学生文化自信和道路自信的过程。因为马克思主义的政治观让我们确认了如下诸多的事实：政治是经济的集中体现——这是政治的本质：政治是各阶级之间的斗争——这是政治的属性；政治是一门科学，又是一门艺术——这是政治的特点……

育人实践的设计需要依据教育学理论的指导。无论是国外的教育理念，还是国内的教学思想，都是我们设计精准思政实践时的重要参考。《论语》可被视为最早的教育学专著，在这部作品里，儒家的教学思想已在精准思政的设计里得到了淋漓尽致地体现。在如何教授思想政治理论的层面上，“因材施教”与“启发诱导”“诲人不倦”最受育人者的青睐。在如何学的层面上，儒家的“立志有恒，锲而不舍”“不耻下问”“学思结合”“学行并重”更是主要指导思想。所以精准思政的育人实践里，既重视对学生进行社会主义核心价值观的理论学习，又注重培养他们践行社会主义核心价值观的能力。精准的理论知识与规范行为的精准对接，使我们当代的育人实践表现出独有的特点。

① 董卓宁．运用学生大数据提升高校思想政治工作精准度［J］．思想理论教育，2018（04）：108—111.

管理学可以提升高校精准思政的质量——这是一个不争的事实。1996 年 7 月 25 日，时任国务院副总理的朱镕基在全国管理科学战略研讨会上作了题为《管理科学、兴国之道》的讲话，对国家自然科学基金委员会成立管理科学部表示祝贺和肯定。在朱镕基的眼里，教育需要管理的缘由就是教育可以兴国。“管理教育”需要两门知识的参与，一是普通的管理学知识，二是教育管理学的知识。从学科归属上看，管理学涵盖教育管理学。

精准思政是教育管理的对象，因而与其相关的一切问题都需要依据管理学知识来解决。对此，我们可从“管理”界定里理解。“管理”往往被视为一种过程，与他人一起或经由他人使活动完成得更为有效。管理又被视为一种“程序”，这里的“程序”包括计划、组织、激励及约束程度，在人力资源与其他资源的协同中完成所规定的目标。正是基于上述缘由，精准思政实践才在管理的层面上彰显出了“不是通过自己而通过他人去完成育人目标”的特点。从学校的层面上看，精准思政的管理对象是各学科的育人教师；从教师的层面上看，精准思政的管理对象是每位教师所必须面对的学生。因而，精准思政里的“管理”有广义与狭义之分。

（二）大数据下的需求分析

“数据”本无大小之分，但分析数据的方式与技术却有大小之别。故而这里的大数据是指 big data 的汉译，它因维克托·迈尔-舍恩伯格和肯尼斯·库克耶编写的《大数据时代》一书而得名。在精准思政育人的范畴内，它就是指：与思想政治教育密切相关的资料，这些资料，数量规模巨大；在处理上，这些资料无法依赖传统的分析软件进行处理。故而有人又把它称为“巨量资料”。

首先，数据分析的目的多。数据分析都是基于一定目的而进行的。精准思政的数据分析具有多维的目的：第一重目的，数据分析可为确认思想政治教育内容提供参考。这就正如乒乓球训练中的大数据分析一样，它可以帮助我们精准定位每一位球员的发球特点与战术水平。对于育人对象而言，我们也可以获取与之类似的信息。第二重目的，依据大数据分析可以获取精准思政的育人效果评价。从学校层面上讲，如何获取全校精准思政实践的育人效果事关后续的育人规划与对育人成效的评价。甚至在某种程度上，在大数据的分析结果中，我们还可以发现各位育人教师的不同育人水平。第三重目的，经验数据分析确认均衡本校各学科之间育人的共同发展的方法。思政课程与课程思政中的育人差异如何均衡，课程思政实践内各学科间的育人如何均衡，我们要依靠对大数据的分析结果。

上边的列举仅是大数据分析结果的部分价值。大数据涉及学生生活的方方面面，仅对校园生活而言，这些数据涉及学生上网时间的数据，涉及学生的图书借阅情况的统计，涉及学生的学科成绩，涉及学生的体育运动以及社交活动等等。只有把这些价值全部挖掘出来，精准思政的实践特点才能得到彰显。故而有研究者赋予精准思政视角下的“大数据”以“工具性”的特点。继而对其“大数据”的“工具性”进行了这样的说明：学生大数据作为一种工具，大大提升了描述学生、刻画学生的精度与效率，为支撑开展思想引领与成长服务、实现精准思政提供了重要依据和参考。[①] 引文在肯定大数据工具性的同时，也对大数据这一“工具”的价值进行了说明。即为实现精准思政提供参考、依据。正是为了实现大数据的教育价值，我们的精准思政实践才具有了与众不同的特点。

其次，大数据分析后的需求待确认。大数据的工具性使其对精准思政的需求有了客观且明确的表达，但对这一分析结果，我们却需要慎重确认。即，并不是一切分析结果都能为精准思政提供参考。

大数据下的分析结果有正误之分，对其产生的理由有研究者这样总结：首先，大数据的分析、关联、挖掘、预测等行为区别于传统学科的解析、推理、演绎等成熟方法，缺少显性的理论依据和因果逻辑映射。数据分析的优劣严重依赖相关技术的发展进步，容易导致挖掘不充分等问题，基于这样的结果

① 董卓宁 . 运用学生大数据提升高校思想政治工作精准度［J］. 思想理论教育，2018（04）：108—111.

开展工作，其可行性和有效性就难以确保。[①] 引文从数据分析方法与传统分析方法的差异以及大数据分析对技术的依赖程度两个层面对其分析结果可能存在的误差原因进行了分析。除了引文所谈到的两个原因之外，作者认为影响大数据分析结果正误的原因至少还有三个方面：

第一个方面，数据的采集。数据分析的前提是数据的采集，如果采集中存在着一些问题，那么后续的分析结果肯定会产生误差，这也是一个公认的事实。“大数据”之“大”除了这类数据的数量巨大之外，它还意味着数据的采集相对复杂。仅以其中的图书借阅而言，除了本人亲自到图书馆借阅之外，学生们还极有可能通过其他同学借阅，如何在数据采集中甄别这样的数据，这确实是一件非常困难的事情。因为一个人“借阅的图书”并不一定等于“他一定要阅读的图书”。

第二个方面，大数据的处理结果还依赖于数据处理者的技术能力与工作态度。相同的软件，相关的数据，在不同的操作者的手下可能会获取不同的结果——这绝非危言耸听。数据处理技术相对死板，但处理过程中的操作却相对灵活。如何准确地获取自己所需要的信息，这取决于数据分析者的态度，取决于数据分析者的技术。即使技术操作上没有任何失误，但工作态度马虎一点也极有可能导致分析结果的错误。

第三个方面，精准思政里的数据利用有正误之分。同样在大数据分析结果指导下的精准思政实践，因结果本身就存在正误的情况，故而育人实践也就有精准思政与非精准思政之分。精准思政应该是精准数据分析结果指导下的精准思政实践。否则，育人实践存在着任何一种错误都会导致我们的育人实践不是名实相符的精准思政。

① 董卓宁．运用学生大数据提升高校思想政治工作精准度［J］．思想理论教育，2018（04）：108—111.

第二节 精准思政教育的供给

精准思政教育的供给与传统育人实践中的供给是有所不同的。对其供给特点的总结，既可以加深我们对精准思政内涵的理解，又有利于我们设计精准思政的实践。“供给”原本是一个经济学的术语，它包括三个重要的经济因素，即生产、提供给市场、售出。结合思想政治育人教育，精准思政的“供给”就应该围绕“层级的分类供给”“相对供给与绝对供给的统一”两个方面展开。

一、层级的分类供给

精准思政教育在“供给”的层面上，体现出了“层级供给”的特点。对其层级供给的总结是基于供给主体而得出的结论。

（一）国家的供给

国家的供给为精准思政实践提供了指导：首先，育人方向性的供给。育人是有方向性的，只有明确了育人方向才能细化后续的育人实践，从而保证育人能够满足国家发展的需要。“有了正确的政治方向后，还要坚定，就是说，要有‘坚定正确的政治方向’。”[①] 引文从两个方面强调了国家供给的重要性：一是确认精准思政育人的方向，即正确的政治方向；二是确认精准育人的方向后，还要坚定这个方向，以保证精准育人方向与国家的育人理念始终保持一致。故而，“坚定正确的政治方向”之中的“坚定”与确认政治方向具有同样的重要性。从育人对象的角度讲，正是因为“坚定方向”的存在，才能保证育人对象的健康成长；从国家需求的角度看，“坚定方向”的育人

①共青团中央，中共中央文献研究室．毛泽东邓小平江泽民论青少年和青少年工作（增订本）［M］．北京：中国青年出版社，2003：60.

实践才能保证最终的所育之才满足国家发展的需要。

其次，时代要求的供给。不同时代的育人有不同的要求，或者说育人要求是随着时代的发展而逐渐完善与更新的，故而国家要提供具有鲜明时代特色的育人理论指导。习近平关于教育的重要论述是我们实施精准思政的理论核心，而“习近平新时代青年教育思想发端并形成于习近平新时代治国理政的实践背景条件之下”①，引文表明习近平关于教育的重要论述的诞生具有鲜明的时代性，而在这一理论指导下的精准思政实践也必然会具有鲜明的时代性。故而说当今的精准思政实践得益于国家级育人需求的时代供给。除了这样的推理可以证明习近平育人思想具有时代性之外，习近平关于教育的重要论述的具体内容也可以证实这一点。理想信念教育是习近平教育思想的重要组成，而“中国梦是全国各族人民的共同理想，也是青年一代应该牢固树立的远大理想。中国特色社会主义是我们党带领人民历经千辛万苦找到的实现中国梦的正确道路，也是广大青年应该牢固确立的人生信念”②，从引文可知，同样是理想信念教育，但具体的教育内容已经被具有时代特点的“中国梦”所替换。究其替代的原因，那是因为“中国梦”的理想信念教育是实现伟大民族复兴的必由之路。

（二）学校的供给

高校这一育人主体负责向教师传递国家的育人政策及提供育人所必要的场域。从逻辑外延上讲，精准思政的实践主要是指学校育人教育里的精准思政实践。除去学校育人之外，随着精准思政实践的拓展，家庭教育里的精准思政与社会育人的精准思政也会变成现实。因而，高校这一育人主体主要承担精准思政的管理责任。主要涉及精准思政的规划、实施与效果评估。

教师这一育人主体所承担的任务就是落实国家与学校的管理要求。在“供

① 王学俭，阿剑波．习近平新时代青年教育思想及其价值旨归［J］．思想教育研究，2018（08）：3—9.

② 习近平谈治国理政［M］．北京：外文出版社，2014：70.

给”的环节里，教师这一育人主体处于供给的末端，即，结合自己的教学任务和承担的育人职责，具体实施国家与学校的育人计划。

（三）教师的供给

如果说国家这一供给的主要对象是高校，那么高校这一供给主体的对象就是精准思政的具体实施者——一线教师。基于这样的推理，教师的供给对象就是我们的学生。从育人过程及内容上讲，国家到集体的供给是相对概括的。老师对学生的供给则要相对详细些，既有感性的传递媒介，又有相对理性的育人内容。比如：

在古代文学作品赏析的课堂上，讲解苏轼的《江城子·密州出猎》一词时，“射天狼”中的“天狼”，既是我们体验任教报国情怀的媒介，也是我们向学生进行爱国主义教育的媒介。因为，“天狼”即“天狼星”，据《晋书·天文志》所载的传说可知，“天狼星”是主侵略的一颗星。故而在《楚辞·九歌·东君》里有这样的诗句：“青云衣兮白霓裳，举长矢兮射天狼”。即，射天狼星的目的是为了避免国家遭受侵扰。词中苏轼射天狼星的目的与此相同，词中的“天狼星”喻指侵扰西北边境的西夏军队。

二、相对供给与绝对供给的统一

育人实践设计的出发点是“精准”供给，育人实践的落脚点也是以“精准”为特征的供给，因而，精准思政实践里的“精准供给”应该是绝对精准供给与相对精准供给的统一。

（一）相对的精准供给

作为理论，“精准思政”是一个理想的存在；作为实践，精准思政是一个以追求精准供需平衡的育人存在。鉴于育人受多维因素的影响，这里提及的“精准”应该是一个相对意义上的精准而非绝对意义上的精准。这就正如哲学上讲的绝对真理与相对真理那样，在相对与绝对的发展中，精准思政的育人效果才能得到实现。

哲学意义上的相对真理应从两个层面上理解：一是对于真理内容而言，它是有条件的、有局限性的；二是在一定条件下，对世界的正确认识都是具体的、近似的。基于这样的原理思考“精准思政”的育人也会获取相同的结论：“精准思政”的理论内容是相对的，当影响育人因素发生变化的时候，精准思政理论的构成也会发生变化，或增删添改，或补充完善；同时，某一特定时代的“精准思政”理论的内容是具体的，因而，在其指导下的育人实践是可操作且可以取得令人瞩目的育人效果的。

现以精准思政理论的核心内容——“精准思政”的界定为例对此进行说明：

（1）精准思政是指基于大数据、人工智能等前沿技术的介入，在精准思维和理念的引导下，实现思想政治教育的精准育人活动。其中包括及时获取教育信息、制订个性化方案、精准滴灌到位的内涵生成序列，涉及教育教学活动信息的精细管理、教育目标的精准识别与定位、任务解决的精确定向与定制、教育过程的定时施教和教育成果的精准评价等结构性要素与运行演化。①

（2）精准思政，主要指在精准思维指导下，充分发挥智能算法技术在数据分析、模拟决策和建模预测等方面的优势，精准分析学生情况，有针对性开展思想政治教育。②

上述两例引文均选自备受大家关注的文章之中。比较两则界定可知两名作者在界定中各有侧重。虽然他们两人都在极力融入“精准育人”的理念，

① 吴满意，景星维．精准思政：内涵生成与结构演化［J］．学术论坛，2019，42（05）：133—139.

② 潘治．高校实施精准思政：价值·困境·路径［J］．中学政治教学参考，2021（20）：63—65.

但对如何实现精准育人却各有不同的理解。前者侧重运用大数据、人工智能等先进技术指导的育人实践设计，后者强调的是精准思维指导下的育人设计。我更倾向于后者，因为，随着育人技术信息化的发展，大数据与人工智能的技术也会更加先进或被新的技术所替换，但这些替换后的技术却不能改变精准育人思维，只会使其更加先进。在我倾向于后者的同时，或许还有更多的人支持第一个作者的界定。但究竟哪一个更确切些，这还有待于实践的验证。故而我们说“精准思政”的理论具有相对性的特点。故而在其指导下形成的精准供给，也会具有相对性的特点。

（二）绝对的精准供给

在哲学的体系里，绝对真理与相对真理是一对哲学范畴。绝对真理的存在是以承认真理的客观性为前提的，因而，我们要承认育人实践里存在着精准供需的事实；同时，作为认识成果而存在的绝对真理是对客观世界的无限接近，这是无条件的，更是绝对的。运用同样的思维审视精准思政的育人实践。精准供需是客观的存在，而且育人实践中，教之供与学之需的精准对接在育人实践中永远都是无限接近的。

在一则探讨融长征精神于研究生育人实践的文章里，育人者首先挖掘了长征精神丰富的内涵。其中包括革命理想主义、革命英雄主义等精神要义，而后又探讨融入研究生育人教育的具体途径，其中包括“抓基层党建，坚定研究生理想信念”“增强导师育人使命，筑牢研究生核心价值观”① 等具体育人途径。对这一育人案例里的绝对精准供给，我们可以这样分析：

首先，把长征精神融入研究生育人实践是与研究生内在育人要求精准对接的供给。理想信念教育在十八大之后备受育人研究者的关注。为了细化“广泛开展理想信念教育，把广大人民团结凝聚在中国特色社会主义伟大旗帜之

① 韩孟洁，李后强 . 精准供给视域下长征精神融入研究生思政教育的路径探究［J］. 毛泽东思想研究，2021，38（05）：142—148.

下”[①] 的育人任务，高校育人者有责任探讨“长征精神”的内涵并尝试把其融入育人实践的具体途径之中。

其次，精准供给并不只是育人资源的挖掘，还涉及育人实践的设计。只有科学的设计，才能把资源的育人价值发挥到极致。故而上述引文的作者又总结出精准供给实现的原则、根本、动力、手段等关键性的内容。其中，引文作者认为“精准定向”是实现长征精神融入研究生育人的“原则”；“精准定位”是长征精神融入研究生育人实践的“根本”；“精准定法”是实现精准供给的“动力”；“精准定标”是实现精准供给的手段。[②] 如果研究者重复如此的育人设计或者稍加改动，那么精准供给就在研究生育人实践中得到了实现。

①http：//theory.people.com.cn/n/2013/0205/c107503−20430351.html.

② 韩孟洁，李后强．精准供给视域下长征精神融入研究生思政教育的路径探究［J］．毛泽东思想研究，2021，38（05）：142—148.

第三节　精准思政教育的管理

精准思想政治教育的实现很大程度上取决于精准思想政治教育的管理。因而，它需要关注如下几个方面的问题：精准思政教育管理的界定，精准思政教育管理的难点，精准思政教育管理的实现方式。

一、精准思政教育管理的界定

若要为精准思政教育管理的内涵给出一个明确的界定，我们需先厘清与之相关的几个概念及其界定中存在的问题。

（一）精准思政教育管理界定前的思考

在界定“精准思政教育管理”之前，我们需要思考的概念有思政教育、思政教育管理。

第一，“思政教育”是“思想政治教育”的缩略语。在学术探讨史上，思想政治教育曾被定义为：“思想政治教育是一定阶级或政治集团，为了实现其政治目标和任务而进行的，以政治思想教育为核心和重点的，思想、道德和心理综合教育实践。”[①] 与引文并列，还有一则界定也曾引发过众人的讨论，那就是：“思想政治教育是一定的阶级、政党、社会群体用一定的思想观念、政治观点、道德规范，对其成员施加有目的、有计划、有组织的影响，使他们形成符合一定社会、社会阶级所需要的思想品德的社会实践活动。”[②] 上述所引的界定可以给我们如下的思考：首先，思想政治教育是适应社会发展需求的一项育人实践活动。故而上述引文的两位作者都曾在自己的界定里

① 陈秉公．思想政治教育学［M］．长春：吉林大学出版社，1992：2.

② 张耀灿，陈万柏．思想政治教育学原理［M］．北京：高等教育出版社，2001：4.

明确了这一点，即一定的阶级、集团为实现其特定的政治目的而进行的育人活动。其次，两位引文的作者也在自己的界定中极力明确思想政治教育的阶级属性。故而思想教育的实践里所选择的思想观念、政治观点、道德规范都具有鲜明的阶级性。再次，我们要区分思想政治教育是“社会实践”活动还是“教育实践”活动。上述两个引文的区分重点也在于此。鉴于育人场域上的异同，两人的界定里才有了如此分别的表述。从新时期的育人思想来看，“社会实践”的概括相对适合。现今的育人实践已不再局限于家庭、高校这样的特定场域之内，社会育人也成了思想政治教育的重点关注对象。

第二，思想政治教育管理的界定。从逻辑学的归属上分析，“思想政治教育管理”是“教育管理学”的下属分支，而“精准思政教育管理”又是“思想政治教育管理”的下属分支。因而在界定“精准思政教育管理”之前，还要明确什么是“思想政治教育管理”。

“思想政治教育管理是指思想政治教育的管理机构，通过管理者对思想政治教育进行科学决策和正确指挥，以实现思想政治教育目标的领导行为科学。”[①] 引文是一则颇受众人认可的界定。究其缘由，主要是因为这则定义明确了思想政治教育的管理主体，明确了思想政治教育的作用与价值等诸多属性。同时，我们也能发现这则定义显然是从名词属性上对“管理”一词的界定。作为一个具体的过程，“管理”或者说“思想政治教育管理”的实践性没有得到切实的表现。

（二）精准思政教育管理

基于上述的思考，“精准思政教育管理”的内涵可以这样界定：特定社会发展时期内，一定的阶级、政党和社会群体依据精准思维的理念，依据思想政治教育规律，借助科学管理的方法，有意识地去协调思想政治教育系统诸要素，最大限度地实现育人效率的社会实践历程及经验升华。

① 王礼湛．思想政治教育学（修订版）［M］．杭州：浙江大学出版社，2001：363.

对上述这则界定，在此给出如下的理由：首先，为了区别精准思政教育管理与其他思想政治教育管理的不同，在此强调了“精准思维”的参与。精准思政实践与传统思想政治教育实践的区别就体现在指导理论的选择上。其次，以列举的方式，明确了精准思政教育管理的主体，从“机构”到“阶级、政党、社会群体”，显然这里的管理主体更加明确了。再次，“精准思政教育管理”必须遵循的理论有二：一是思想政治教育规律；二是精准思维理念。在两者的整合中，既能发现精准思政教育管理对传统思想政治教育管理的继承，又可以看出精准思政教育管理与传统思想政治教育管理的不同。精准思政教育管理特点体现在精准的协同上，而精准的协同又体现出主动性的特点，故而用“有意识地去协调”这样的语句去强调。最后，把精准思政教育管理归纳到“社会实践”与“经验升华”上。前者，社会实践可以彰显精准思政教育里教师的主导地位和学生的主体地位。“社会实践”是育人者的实践，也是学生的实践，若无这样的实践，教师的育人水平得不到提升；学生的接受效果也得不到彰显。

二、精准思政教育管理的难点

明确精准思政教育管理的难点意义重大。向前追溯，明确管理难点可以帮助我们理解思想政治教育管理的内涵；向后推导，明确精准思政教育管理的难点可以为我们思考如何优化现有的管理实践提供思考。

（一）各主体的精准管理意识参差不齐

精准思政教育的主体可细化到育人教师和被育对象学生的身上。从育人的实践上看，作为育人主体而存在的教师应该具有精准思维的理念。可是他们的精准思维水平又是参差不齐的。相对而言，学术水平较高，学术兴趣较浓的教师，他们对精准思维理念的把握相对“精准”些。反之，那些学术兴趣没有集中于思想政治教育或精准思政教育上的教师们，他们对精准思维理念的把握就相对欠缺一些。

学生不只是思想政治教育的对象，他们还是自己精准思政教育学习与实践上的管理者。通过自我管控，他们可以调控自己的理论学习，可以规范自己的日常行为。可在现实中能够做到这一点的人却是少之又少。因此说，精准思政教育管理者的管理意识参差不齐。

除了上述学术关注焦点与主动意识缺失造成的管理意识差异之外，还与精准思政相关研究的缺失相关。精准思政教育的研究焦点目前还多集中于如何实现精准思政实践上。在这样的研究视域里，大家关注的话题多是某一领域、某一次的精准思政实践。如在《精准思维与协同机制："四史"教育有效融入高校思政课教学的理念与行动》这样的文章里，作者只是运用精准思维与协同机制审视"四史"教育如何有效融入思政课教学之中的话题、运用特定的理论去发现并解决特定育人实践的问题就是这类研究的共同特点。虽然"四史"教育里的精准思政实践也能为精准思政教育管理提供理性的思考，但这种思考毕竟是间接性的。因为目前我们还没有发现以精准思政教育管理为目标的学术探讨——这点也可以视为研究者精准管理意识的缺失。

（二）精准思政教育管理的对象纷繁复杂

精准思政教育的管理对象是纷繁复杂的。这一结论的得出，我们有如下的理由：首先，精准思政教育管理的关键在于协同，而协同的对象，亦即管理的对象。从高校育人的实践来看，这涉及育人者与被育者之间的协同问题。即教师与学生的协同。只有两者实现了客观的协同，我们的育人才能由理念变成实践。从协同对象的所属范畴看，既有育人系统内部诸要素之间的协同，又有精准思政育人系统与其他教学系统之间的协同。依据哲学原理，孤立的育人系统是不存在的。世界万物之间都是彼此相联系的，所以教育与教学才会被整合到一起。从精准思政教育系统内部看，育人方法与内容之间的协同也是非常重要的。正可谓好的方法是成功的开始。好方法的判断标准就是与育人对象与育人内容相互匹配的方法。如何才能确认方法与内容的匹配呢？这显然又是一个比较难以回答的问题。故而说，精准思政教育管理的难点主要在于精准思政教育对象的复杂上。

其次，精准思政教育实践涉及多个阶段的育人对象，因而，仅就其管理对象而言，就包括本科生和研究生两个学段。这两个学段的知识水平不同，思想品德素养也存在着明显的差异，故而说精准思政教育管理会因其管理对象的纷繁复杂而增加难度。

第四节　精准思政教育的优化

精准思政教育的优化指促进其育人效率的提升。因而，我们可从理论与实践两个层面思考如何优化的问题。

一、精准思政理论的优化

精准思政理论的优化可从三处着眼：借鉴、创建、完善。借鉴是优化的前提；创建是优化的方法；完善是优化的核心。

（一）借鉴是优化的前提

精准思政理论的优化其实就是对其现有理论体系的改进或选择使其更加适合育人实践的需要。然而，无论改进还是选择，都需要我们借鉴。

首先，精准思政理论的改进需要借鉴。精准思政理论体系有两个基本问题：一是什么是精准思政；二是如何进行精准思政的育人实践。现以第一个基本问题为例对其进行说明。

什么是“精准思政”。对其内涵的界定，一方面要源自精准育人实践的经验总结。另一方面要借鉴参考两个方面的研究经验：一是逻辑学层面上的定义规则，即定义项与被定义项在外延上必须周延，定义项不能直接或间接地包含被定义项，定义的语言叙述必须准确等。二是借鉴他人对“精准思政”的界定。即他人有关精准思政的理论研究成果。任何一项研究都要基于现有的学术基础，故而我们在此强调借鉴。既然精准思政的基本问题的解决都需要借鉴，那么其他问题的探讨又哪有不借鉴的道理？

其次，选择基于借鉴的优化。学术研究的改进与选择是并列进行的实践，改进表现为选择结果与现有理论体系的整合；而选择主要体现为对现有理论成果的选择。正是如此，选择才成了对精准思政理论优化的一种手段。

就如我们上述对精准思政教育管理的界定那样，若我们的定义能够被众人认可，那么众人的选择就会使我们的成果成为精准思政理论体系中的一员，从而在完善精准思政理论体系的同时，完成对现有体系的优化。因为在目前的研究中还很少能见到有对“精准思政教育管理”这一问题的专业探讨。同时，我们对“精准思政教育管理”进行界定时，也参考了“思政教育管理”这一内涵界定的理论成果。由于存在这样的事实，我们才说“选择”是基于“借鉴”的优化。

（二）创建是优化的方法

“优化”是一个从无到有的过程。选择也好，改进也罢，最终结果都体现为从无到有的变化。只不过在这一过程中，选择的表现不像改进那样突出。

目前精准思政的理论体系构成中还存在许多研究空白，比如精准思政的评价理论，精准思政的管理理论、精准思政的育人模式等众多的理论焦点。如果把“精准思政”的理论创建视为一次对传统育人理论体系的优化，那么后续“精准思政教育管理”“精准思政育人评价”理论的创建就完全可以视为是对精准思政理论体系的优化。

精准思政理论体系的优化就是在一次次新理论的创建中不断实现的。“精准思政育人评价”理论的创建是一次优化，那么精准思政育人评价标准理论、评价方法理论及评价结果利用理论的创建都是持续优化的表现。

（三）完善是优化的核心

精准思政理论体系的完善是伴随着其不断的优化而实现的。在精准思政理论的发展中，任何一次的改进与选择，其背后都是理论的完善。

“在人工智能时代，思想政治教育的理论基石、实践基要和学科属性并没有变，但其理论论域愈发具有智能化、信息化特征，实践范式更加重视数据利用和精准施教，学科发展注重与智能科学的融合交叉。”[①]引文阐释的重点有二：一是人工智能背景下思政教育的“不变”及其体现，即引文中所言及的育人理论基石、实践基要（基本要求和基础要素）、学科属性。正是这些“不变”的存在，才构成了“精准思政”的核心要素。二是，人工智能背景下思想政治教育的“变化”，即“智能化”“信息化”和“实践范式”都体现出“精准施教”的特点。故而在思政学科与智能科学的整合中，使我们的育人关注焦点发生了这样的变化：明确智能思政的研究论域、探索智能思政的实践样态、缕析智能思政的学科边界。[②]随着这三个焦点的明确，精准思政的理论体系也会得到完善。因为，人工智能和思政实践的一切研究者会为精准思政理论的优化提供借鉴和参考。

二、精准思政实践的优化

精准思政实践的优化类型可一分为三：匹配性优化（即与理论优化与实践优化相互匹配的优化）、借鉴尝试性优化、创新式优化。

（一）匹配性优化

理论与实践应该是相互匹配的，理论的优化势必带来实践上的优化，实践的优化也势必带来理论上的优化。故而，匹配性的优化应是精准思政实践接受理论指导的表现。解决“供需矛盾”是精准思政实践的主旨，因此，确认目前思政育人实践里的主要矛盾是实施精准思政的前提。“如何实现思想政治理论课供给与大学生精神需求的精准对接，做到以需求供、以供给需、供需平衡的良性循环，是当前高校思想政治理论课亟待破解的核心矛盾。”[③]

① 崔建西 . 论人工智能时代思想政治教育的“变”与“不变”［J］. 思想教育研究，2021（05）：23—27.

② 崔建西 . 论人工智能时代思想政治教育的“变”与“不变”［J］. 思想教育研究，2021（05）：23—27.

③ 宋德孝 . 供给侧视角下高校思想政治理论课教学与大学生精神需求的精准化对接［J］. 思想教育研究，2020（02）：82—87.

为了解决这一育人矛盾，引文的作者引入了习近平总书记的“八个相统一”的理论，即供给侧改革的理论。供给侧改革与育人协同，其实就是我们所说的匹配性优化。“以供给需”其背后是“供”与“给”的精准对接；“以需求供”的背后是育人供需平衡的体现。故而，引文所言的实践就是精准思政的优化。

（二）借鉴尝试性优化

优化的目的是美好的，但优化的实践却是艰难的。因为并非每次优化都是我们期望的“优化”。这就诞生了借鉴尝试性的优化。如果最终的育人结果是成功的，那么我们的尝试就是成功的；如果我们的育人成果是失败的，那么我们的优化实践就是尝试性的。例如：“以舞育人，以文化人。”① 这是“中国舞蹈史”课程思政实践的经验性总结。借鉴这样的经验并在自己的舞蹈史教学里进行尝试，那么无疑也是对自己育人实践的优化。故而在讲授“岩画舞蹈”这一内容的时候，有任课老师尝试结合岩画上的内容——单人舞、双人舞、三人舞；结合这些舞蹈岩画的分布——广西花山、云南沧源、内蒙古阴山等，培养学生的文化自信。舞蹈种类之繁多，岩画分布之广泛，足以激发学生的自信，因而这样的尝试性实践就是成功的。而这就是我们所谓的借鉴尝试性优化。

（三）创新式优化

创新式优化就是进行个性化实践育人的独特性实践。“敢为天下先”是这一育人实践的最大特点。挖掘原来不曾使用或很少使用的育人资源，采取新的育人方法去实现精准思政育人的目的，这就是创新式的优化。

在一则挖掘本地“红色资源”进行精准思政的研究中，研究者得出这样的结论：“坚持历史逻辑、理论逻辑、实践逻辑的有机统一是红色资源‘精

① 关旭．以舞育人，以文化人：《中国舞蹈史》课程教学改革探究［J］．戏剧之家，2021（34）：137—138.

准供给’高校思政课的逻辑所在。”[①] 引文所述精准思政的创新体现在哪些方面：首先，引文所述的育人，实现了理论上的优化。在引文所述育人实践的研究中，研究者发现“红色资源”的历史价值与精准思政育人的育人定位是合一的。引文所述育人实践发生在四川省的高校，据记载，四川拥有其他省份少有的红色资源。这一则是因为长征时的红军在四川省停留的时间最长，二则是因为途经的地域最多。故而四川省的每一个高校都可以挖掘而获取充足的育人资源。这就把精准思政理论与教学资源的挖掘实践整合到了一起。挖掘最精准的育人资源，提升本地的精准育人实践，这是引文所述事实的最大特点。其次，育人理论与实践的整合里优化了育人效果。精准思政的核心之一是利用对马克思主义的传承来实现培养学生文化自信的育人目的。“红色资源”的每一个实践成果都是在马克思主义指导下取得的历史成果，故而这些红色资源最能证明马克思主义及其中国化的正确性。当学生们从中发现这些红色资源就是“坚持理论联系实际”原则，运用马克思主义理论分析中国革命问题及成功地解决这些问题之后，这些红色资源不仅培养和提升了学生们的分析问题能力，而且也能提升他们解决问题的能力；同时，还是依靠这些红色资源，我们不只能把这些学生培养成马克思主义的理论的信仰者，而且还能把其培养成马克思主义理论的坚定传承者。再次，利用方法优化实现精准供给。习近平总书记建议我们，通过“思政小课堂”与“社会大课堂”的整合来提升育人效果。红色资源的引入正好实现了这样的目的。红色资源的引入，其实就是实现社会与大学育人课堂的整合。前者是社会资源，后者是高校的育人主阵地，故而两者的融合，其实就是对习近平总书记育人思想的创新性尝试。

① 范小青．红色资源“精准供给”高校思政课的三重逻辑[J].广西青年干部学院学报，2021，31（05）：40—43.

第五章
大学生精准思政教育的资源开发

为实现精准思政教育，我们必须进行育人资源的开发工作。精准思政教育视角下的育人资源开发，主要从精准思政理论资源、传统育人方法资源、精准思政案例资源、精准思政实践资源四个方面进行阐述。

第一节　精准思政理论资源

精准思政理论资源多指具有学术探讨价值的资源开发。“开发”具有两个意思：一是理论资源开发的具体思路；二是精准思政教育理论资源开发的注意事项。

一、理论资源开发的具体思路

大学精准思政教育的理论资源开发思路，一般有如下几种供大家参考：

（一）与教改匹配的资源开发

精准思政教育的理论资源开发要与高校思政课教学改革相互匹配，才能彰显理论资源的开发价值。

理论资源的开发，一般要与思想政治课程的教学改革整合在一起，无论是教学理念的变化，还是教学形式的改革、育人途径的变迁，都是我们细化精准思政理论的动力。“新时代通过充分利用线上与线下教学的相互融合，可以让高校思政课程改变以往的被动局面。”[①] 当思政课程被分成线上课程和线下课程的时候，精准思政理论体系构建也就会被区分为线下和线上两种理论体系。针对不同形式的教学需要，精准思政理论需要细化；同时，线上与线下思政课程的育人实践及经验总结也会作为具体内容被融入现有的理论体系之内。

① 张潇月 . 新时代高校精准思政的线上线下实践路径［J］. 湖北开放职业学院学报，2021，34（20）：87—88+91.

（二）聚焦于新成果运用的资源开发

精准思政理论资源的开发不能仅局限于学术层面上，还要把资源开发的目光集中到党的育人政策文件上及马克思主义中国化的最新理论成果上。在“全国高校思想政治工作网”上，就有许多理论资源开发的案例值得我们关注。例如：

西南交通大学持续推进学生党史学习教育①

西南交通大学多措并举，使学习热度加温、效度加力、厚度加深，持续推进学生党史学习教育。

对准“发力点”，加温学习热度。吹响学习“冲锋号”，引导学生及时学。第一时间组织学生学习“七一讲话”、十九届六中全会精神和《决议》。依托百个党支部主题党日活动、千个班级主题班会、千个团支部主题团课开展讲话精神学习。以“感悟真理、牢记使命、坚定信念、勇担使命”为主题及时开展学生学习热议。开启学习“发动机”，激发学生自主学。开展“接力百年奋斗　强国先锋有我”倡议，激发动力。用学生喜闻乐见的“说、学、唱、讲、传、写、舞、游、展”等方式，激发兴趣。结合革命烈士、“两弹一星”功勋奖章获得者等先辈事迹，结合成昆铁路、青藏铁路、高速磁悬浮等轨道交通行业资源和京张高铁等高铁思政资源吸引学生学，《新闻联播》《四川观察》《中国研究生》采录了学生学习心得。搭好学习“加速器”，促使学生持续学。通过《每周动态》《排行榜》打擂台等强化各级正向督导。拟定暑期学习清单、暑期读书班，促使学生互助互学。经费支持“领航先锋”等党建项目，丰富学习载体。积极指导学生参加各类党史学习比赛，以赛促学并获得优异成绩，让学生学习志趣更高。

主攻“薄弱点”，加力学习效度。把“内化”作为突破口。在毕业典礼、开学典礼、庆祝国庆、疫情防控等重要节点，突出先锋示范、朋辈引领，让

① 高平平，张军琪，李毅，胡安辉：全国高校思想政治工作网.2021年6月9日。https：//www.sizhengwang.cn/a/dxjy_sxjy/211206/984549.shtml.

学生受感染、受教育，自觉立大志向、上大舞台、干大事业。在新生入学教育中，以集中宣讲、网络微课、云端课堂等形式，结合驻班党员、学习小组，重点突出伟大建党精神、四史知识等内容，引导学生感悟思想伟力，铭党恩、听党话、跟党走。把“力行”作为关键招。组织600多支实践队伍奔赴全国开展“青春向党　强国有我”实践，组织“青春闪耀　不负韶华”挂职团赴四川国企、雄安新区锻炼，组织“铭党恩·永追随”赴西藏、河南等走访，组织“党员先锋服务队”服务搬迁、迎新工作、疫情防控，让学生在各类实践中加深感悟，深化学习成效。与中国中铁二局、中国电建、中铁二院等行业央企联合研学，在成蒲铁路、川藏铁路大型项目等大国重器现场感受中学。

聚焦“落脚点”，加深学习厚度。一是做暖心的加法，强化服务保障。坚持把学生的“关键小事”当作工作的“头等大事”。在河南等地遭受洪灾后，学校第一时间开通自然灾害临时困难补助发放通道。设立成长加油礼包，为1530名新生办理“绿色通道”。立足学生学习生活实际需要，强化办实事基本功能，在宿舍园区建立“一站式”学生社区。二是做贴心的乘法，提升实事成效。注重与解决学生“急难愁盼”结合起来，把学生工作任务细化为与学生密切相关的具体事项融合起来。开展“学史力行践初心　志愿服务作贡献”活动，提供服务清单，包括美丽校园维护、“一对一”帮扶、学习开展专项帮扶、义务维修、防范电信网络诈骗义务宣传、支教活动等。针对就业困难、心理困难等学生群体，组织“加油站”“训练营”，及时帮扶。

上述引文案例里所蕴含的精准思政理论资源有如下几点：首先，精准的育人对接。引文提到了“三点”，即对准“发力点”、主攻“薄弱点”、聚焦“落脚点”。如果说，找准“发力点”是精准思政的准备；那么主攻“薄弱点”就是精准思政的过程；聚焦“落脚点”就是着眼于提升精准思政效果的尝试。从“加法”的成功实现再到由“加法”到“乘法”的蜕变，这都是“精准”的必然结果。

其次，精准思政的“精准”还体现为与时俱进的育人特点。“七一讲话”、十九届六中全会精神和《决议》精神的学习就是如此。利用新的学习资料去引导学生感悟“真理”，这也是“精准”的应有之义。《决议》是运用中国特色社会主义原理分析中国社会主义建设实践而得出的结论。其中主要有“四个时期”“四个飞跃”“四个庄严宣告”及“马克思主义中国化的三次飞跃”等。

再次，依据新的育人需求，依托新活动形式去完成思政教育，这也是“精准思政”应有之义。组织“青春闪耀　不负韶华”挂职团和“学史力行践初心　志愿服务作贡献”活动以及“加油站”“训练营”等活动——这些实践就是最好的例证。新的主题，新的形式，完成新的育人任务，这才是精准思政的本质所在。

（三）拓展性资源开发

依据现有的理论资源，通过追根溯源的方式完成精准思政教育所需要的理论资源开发。现仍然以十九届六中全会的《决议》为例谈“拓展性理论资源开发”的问题。

为了引导学生明确十九届六中全会《决议》与以往《决议》的不同，我们需要向学生补充1945年六届七中全会所做出的《关于若干历史问题的决议》、补充1981年《关于建国以来党的若干历史问题的决议》，特别是前两次决议内容的补充更有利于学生理解、把握本次《中共中央关于党的百年奋斗重大成就和历史经验的决议》的具体内容。

对前两次《决议》内容补充的同时，还要补充前两次全会召开的历史背景。结合背景去分析《决议》的内容，才能感悟到理论的发展与社会的进步，从而在历史的对比中，更加坚信党的领导。

二、精准思政教育理论资源开发的注意事项

精准思政教育理论资源的开发是一项严肃的学术实践。现把这一实践需要注意的事项简要列举如下：

（一）开以致用

“开以致用”强调的是理论资源开发与育人需要的匹配。如果理论与实践脱节，那么“精准思政教育”中的“精准”一词就无从谈起。故而，理论资源的开发一定要与精准思政教育的需求保持一致。否则，为“开发”而进行的“开发”就成了一件毫无意义的事情。

《高等学校课程思政建设指导纲要》是高校实施精准育人的指导性文件。针对课程思政育人实践，《纲要》里有这样的表述：文学、历史学、哲学类专业课程。要在课程教学中帮助学生掌握马克思主义世界观和方法论，从历史与现实、理论与实践等维度深刻理解习近平新时代中国特色社会主义思想。要结合专业知识教育引导学生深刻理解社会主义核心价值观，自觉弘扬中华优秀传统文化、革命文化、社会主义先进文化。①

这段要求对于我们思考如何实现精准思政教育有着非常重要的启示：首先，明确育人要求是实现精准思政教育的前提。即要求与育人对接是精准的第一要务，故而在《纲要》里有了“马克思主义世界观”和“方法论”的育人要求；其次，给予选择精准思政教育途径的启示。历史与现实、理论和实践都可以帮助学生树立世界观，掌握方法论。所以我们才主张要开发十九届六中全会《决议》这样的精准思政育人资源，并主张在育人资源开发中，补充前两次《决议》的内容及背景。

（二）彰显学科育人的特点

坚持学科化的资源开发才能满足高校的精准育人的需要。思政理论课的资源需要学科化的开发，课程思政的资源开发也需要坚持学科化的特点。“懂农业、爱农村、爱农民”——这是《高等学校课程思政建设指导纲要》为农学类课程思政提出的具体要求。为了实现这样的育人目的，我们就要把与农业有关的育人资源纳入精准思政教育的实践中。“懂农业”不只是懂得农业

---

①http：//www.moe.gov.cn/srcsite/A08/s7056/202006/t20200603_462437.html.

生产技术，而且还懂得国家的农业政策。为此，我们农业学专业的精准思政教育实践，一定要把每年一度的“一号文件”的内容融入课程思政之中。在学生知晓国家政策及农业现代化建设取得的成就中爱上农村，喜欢上农民。“两个决不能，两个开好局起好步，一个全面加强”——这是唐仁建部长对2021 年国家“一号文件”的解读。其中“一个加强”就是党对“三农”工作的领导。基于这样的现实，我们若能结合历年的“一号文件”作为资源开发，无疑可以在发现“三农”发展成果的同时，坚定“四个自信”。

（三）具有经验升华的内容

精准思政教育理论资源的开发目光不能只局限于精准思政教育体系之外，还要把资源开发目光转向精准思政教育体系之内，特别是对自己参与精准思政教育实践的经验上升到理论的层面上。

《“精准思政”视域下大学生融媒体导向机制研究》一文就是这样的理论成果。作者郑南希结合融媒体这一新生事物，探讨了精准思政视角下融媒体导向机制的相关问题。换而言之，这篇文章所述之内容就是网络育人实践里的精准思政教育的经验总结。借鉴这样的总结，我们不仅可以获取如何实现精准思政教育与网络育人的整合思路，而且还可以从“社会分工‘多元化’促使融媒体导向机制精准化”[①]的现实里，感受到经验上升到理论这一开发注意事项的现实意义。

① 郑南希．“精准思政”视域下大学生融媒体导向机制研究［J］．福建教育学院学报，2021，22（10）：61—63.

第二节　传统育人方法资源

精准思政教育是基于传统育人方法体系而进行的育人实践。虽然其以“精准”为特征，但实现“精准”的过程却都要基于对传统育人方法的创新式运用为前提。传统育人资源可以分为育人素材、育人方法和育人思想三类。其中对精准思政影响最大的应该是方法资源的开发。方法资源的开发，一般可从如下几个方面着眼：

一、素材和方法兼顾的资源开发

把育人素材资源的开发与育人方法资源的开发整合到一起往往是最能满足精准思政教育的资源开发。不同的素材需要不同的方法，不同的方法与素材匹配，才能使我们的育人起到事半功倍的目的。

（一）传统素材与传统方法匹配的资源开发

如：“敬业”是社会主义核心价值观培育的重要内容。在“敬业”的培育中，很多老师都会选取《论语》里的素材。孔子是一个非常关注敬业教育的老师，为此他这样说：“敬事而信，节用而爱人。”为了让学生明确这句话的含义，孔子预设了一个“千乘之国”的情景。“道千乘之国，敬事而信，节用而爱人，使民以时”——这是书上的原句。“千乘之国”的富足，极易让各行各业的众人为所欲为。可孔子却不这样认为。孔子要求自己的学生认真对待每一件小事——这就是我国古代育人特有的“情景教学法”。

育人方法资源的开发，还需要注意另一个问题，即不同的育人素材也可以使用相同或相似的育人方法。因此，没有必要为育人素材与育人方法的匹配相互纠结。抛开儒家用以讲解“敬业”的素材，我们还可以选择更易为学生所接受的农谚进行敬业的讲解。“谷雨前后，栽瓜种豆”就是一则谚语。如果这则谚语不用以匹配“使民以时”这句话，其本身也完全可以诠释敬业的重要性。农耕是有节气限制的，若浪费这宝贵的时间，那么秋季就没有收成。同样，若不使民以时，那么我们的管理也就没有任何收益，甚至还会遭受双倍的损失。

（二）融入时政热点的方法资源开发

既然传统育人素材可融于大学生的精准思政教育，那么现代育人素材也可融入精准思政育人的实践里。特别是时政热点素材，更是有待于我们开发育人资源。

“时政热点资源”是一种重要的育人素材。“时”是指这种资源的特点，“政”是指这种资源的本质，“热点”是指这种资源的影响力。因而当时政资源进行育人实践的时候，这是精准思政教育生活化的重要表现。

与时政热点资源开发匹配的方法资源开发，可从两个层面进行思考：一是利用时政素材进行精准思政育人方法；二是运用传统育人方法如何利用时政素材的思路。时政素材进入精准育人实践之前，需要进行必要的数字化转化。时政资源可引发师生们的关注，但若要用其进行育人实践，则需要数字化处理，变成 PPT 可用的图像、声音素材，而这就是教育信息化方法的开发。即如何运用信息化的方法处理时政素材。

教育信息化方法开发的同时，我们还要结合时政素材进行传统育人方法的开发。“在马克思主义理论教育和中国特色社会主义宣传教育中，重点强调读书学习法；在党的廉政文化教育中重点强调崇德修身，主张‘慎始、慎独、慎微’……”[①] 正如引文所言，“慎始、慎独、慎微”是古人重要的养德方法。“慎”是“小心谨慎”之意。在自己的工作与生活中，若我们能“三思而后行”，从“细微”处着眼规范自己的言行，无疑可夯实健康成长的根基。这样的方

① 索春艳，张耀灿 . 习近平思想政治教育主导性思想研究［J］. 学校党建与思想教育，2017（05）：17.

法很多师生都知道，但却很少有人能够做到这一点。故而，我们不妨去引用时政素材，从正反两个方面阐释运用这一方法的好处与弃用这一方法的危害。

2021 年 9 月一则“美容腐败”的新闻引起众人的关注。其新闻主角福建省公安厅副厅长章丽婕那两针30万的美容腐败让众人瞠目结舌——这则案例，从某种程度上看，不只是因没有“慎始”而发生，更是因没有“慎微”而产生的。据引文反思，可见放弃“慎始、慎独、慎微”这一修身养德方法的危害有多大。

同时，我们还可以选择那些具有时政焦点的正面素材，使学生们意识到依古训，用古法提升自身修养的重要性。“慎独”就是在没有人监督的时候，能够做到表里如一，严守本分。《后汉书》里的《杨震传》就曾以“天知，神知，我知，你知”来拒绝他人的行贿。不同职位上的人，其“慎独”的表现是有所不同的。王顺友是一个令全国人民感动的普通邮递员。20 年走过了 26 万里的邮路，尽管条件艰苦，但他的投递率却达到百分之百。因而，他成了我们现代“慎独”的典型。

二、育人方法资源的开发

育人方法资源的开发还可以只着眼于方法本身。对于古代育人方法的挖掘，其目的是构建具有中国特色的育人方法论。古之育人方法资源的开发有两种途径：一是对古代育人方法的总结；二是对古代育人方法的创新式运用。

（一）对古代育人方法的总结

德性文化是其核心，而德性文化中又蕴含着丰厚的德育方法论思想，诸如潜移默化的方法论思想、觉悟道德修养的方法论思想、修心育德的方法论思想、生活实践的方法论思想、保持心态平衡的中庸方法论思想、因材施教的方法论思想、循序渐进的方法论思想和启发诱导、礼乐结合与寓教于乐的方法论思想等等。[①]

细读引文可知，“潜移默化”是中国育人方法论的核心思想。把育人实

① 张忠华 . 论传统德育方法论思想的现代价值［J］. 高校教育管理，2008（06）：33.

践生活化就是其最主要的表现。例如：为了培养儿子的诚信，曾子只因为妻子的一句玩笑话，杀了自家的猪。为了帮助丈夫确立坚定的理想，乐羊子妻面对丈夫那一句“久行怀思，无它异也”的真情表白，以织绢的实践为喻，告诉丈夫积学要“日知其所亡”，从而使丈夫复还终业。

其次，引文还总结了多种古代育人的方法论思想：觉悟道德修养和修心育德生活实践的方法论、心态平衡的中庸方法论思想等。在这些众多的方法论思想里，我认为循序渐进的方法论思想最值得我们揣摩。“十年树木，百年树人”的经验告诉我们，精准思政育人的实践也是不能急于求成的。同样是培养学生的诚信，我们可利用字形的追溯进行诚信的讲解，也可以结合“三顾茅庐”这样的小说情节进行诠释，还可以结合“人而无信，不知其可也”“言必信，行必果”等这样的名言警句。如何依次展现上述育人媒介，这就取决于我们对循序渐进的方法论精髓的理解。

古代育人实践为我们积累了诸多的育人方法，上述引文的列举只是部分方法的归纳。因而，在方法资源的开发中，我们不能就此止步。“榜样鼓励法”就未出现在上述引文里。“榜样的力量是无穷的”，若能从学生的身边选择他们学习的榜样，那么这就是典型的育人教育与学生生活的精准对接。

（二）对古代育人方法的创新式运用

“情感体验法、生命叙事法、内省修养法、文本解读法”[①]——这是对孔子育人方法的解读。现以其中的第四个方法，即“文本解读法”为例谈对其的创新式运用。

太史公执迁手而泣曰：“余先周室之太史也。自上世尝显功名于虞夏，典天官事。后世中衰，绝于予乎？汝复为太史，则续吾祖矣。今天子接千岁之统，封泰山，而余不得从行，是命也夫，命也夫！余死，汝必为太史；

① 王晓丽．《论语》中的传统道德教育方法及现代启示［J］．许昌学院学报，2020，39（03）：108.

为太史，无忘吾所欲论著矣。且夫孝始于事亲，中于事君，终于立身。扬名于后世，以显父母，此孝之大者。夫天下称诵周公，言其能论歌文武之德，宣周邵之风，达太王王季之思虑，爰及公刘，以尊后稷也。幽厉之后，王道缺，礼乐衰，孔子修旧起废，论诗书，作春秋，则学者至今则之。自获麟以来四百有余岁，而诸侯相兼，史记放绝。今汉兴，海内一统，明主贤君忠臣死义之士，余为太史而弗论载，废天下之史文，余甚惧焉，汝其念哉！”迁俯首流涕曰：“小子不敏，请悉论先人所次旧闻，弗敢阙。”

有人说，没有《命子迁》就没有《史记》这绝非虚言。正是司马迁接受了父亲的教导，他完成了《史记》这部著作。对这其中的育人经验，我们可以通过对文本解读法的创新运用来实现。

首先，结合文本阅读的需要，我们在此补充《命子迁》的写作背景。武帝为司马谈“量身定做”了官职，司马谈因感激而尽职尽责。故而在这一过程中，他在感悟到写“史”的重要的同时，也发现了自己的遗憾：今天子接千岁之统，封泰山，而余不得从行。

其次，明确文中的家国情怀是传统文本解读法的本义所在。在文中，司马谈以自己的家国情怀教育儿子。于国，写史可以弥补“而诸侯相兼，史记放绝”的遗憾；于家，写史就是行孝道。“且夫孝始于事亲，中于事君，终于立身。扬名于后世，以显父母，此孝之大者”——细析这句话是我们运用文本解读法的重点所在。司马谈的这句话，不只是解决“忠”“孝”不能两全的矛盾，还极具个性地诠释了“孝”的内涵。由此可见，古之方法的创新运用也理应成为方法资源开发的重点。

第三节　精准思政案例资源

精准思政案例资源的开发应从两个方面着眼：一是彰显精准思政教育的案例，二是可以传承精准思政教育思想的案例。从某种程度上看，案例资源的开发是由“收集、分析与利用”三个环节完成的。本着这样的思考，我们从如下几个方面来探讨案例资源的开发问题。

一、正误兼顾的案例资源开发

成功的案例固然重要，但那些失败的案例也能为我们提供思考。故而在精准思政教育案例资源的开发时，我们要正误兼顾。

（一）成功案例的开发

精准思政教育的成功案例颇多，若能对其进行有意的收集，即使不能全部运用于自己的精准思政实践，但对自己精准思政教育的实践也会有重要的启示。现举几例以析之。

案例一：岳母刺字

宋元帅宗泽病重，以印信交岳飞代管，吐血而死。杜充奉旨代印，抗金不利，岳飞心情郁闷，私自回家探母。岳母促其回营抗敌，并在岳飞背上刺“精忠报国”四字，使其永以报国为志，终身报效祖国。

这则案例里体现的精准思政教育思想主要有如下几处：首先，这是一则体现精准教育需求的案例。面对当时宋朝的危难之际，岳母没有顾及岳飞个人的安危，而以国家为重，要求儿子保家卫国。把家庭教育与国家的安危融合到一起，这就是精准思政教育之“精准”所应有的内涵。其次，精准的教育方式。在那个特殊的年代里，岳母采取了“刺字”的方式进行精准教育。“刺字”的仪式感和“刺字”过程中的体肤之痛均能给岳飞留下深刻的印象。正是如此精准的育人，才使岳飞成为古今中外令人难以忘怀的大英雄。

案例二：陶侃留客

东晋陶侃的母亲因丈夫去世而独自承担起了教子的重任。她教子的重点在如何交朋友上，为了使儿子能够交上贤友，她不惜卖掉自己的头发来款待范逵。得知真相的陶侃和范逵最终成了好朋友。无论陶母是否知道“见贤思齐”的道理，陶侃都在朋友的帮助下取得了成就。

这则故事里的“精准教育思想”主要体现如下：一是精准的施教内容。陶母看重的是范逵的才能与品质。故而她才会毫不犹豫地用头发去为儿子与范逵交往做铺垫。二是精准的育人效果。陶侃的成功验证了陶母精准思政教育的效果。

（二）失败案例的收集

成功与失败是相对的，成功的案例固然可以借鉴，失败的案例同样能让我们深受启发。“收集案例”是简单的“开发”。面对自己同事实施精准思政教育效果不甚明显的案例，我们也可以收集到一起，供学术研究之用。

金溪民方仲永，世隶耕。仲永生五年，未尝识书具，忽啼求之。父异焉，借旁近与之，即书诗四句，并自为其名。其诗以养父母、收族为意，传一乡秀才观之。自是指物作诗立就，其文理皆有可观者。邑人奇之，稍稍宾客其父，或以钱币乞之。父利其然也，日扳仲永环谒于邑人，不使学。

余闻之也久。明道中，从先人还家，于舅家见之，十二三矣。令作诗，不能称前时之闻。又七年，还自扬州，复到舅家，问焉，曰“泯然众人矣”。

王子曰：“仲永之通悟受之天也。其受之天也，贤于材人远矣；卒之为众人，则其受于人者不至也。彼其受之天也，如此其贤也，不受之人，且为众人。今夫不受之天，固众人；又不受之人，得为众人而已耶？”[①]

这是一则有失精准思政教育的案例：首先，失去了精准的教育时间。虽然幼儿时期的方仲永表现出异于常人的才能，但若不能对其实施精准的后天教育，他也会江郎才尽。他的父亲以“利”为重，“日扳仲永环谒”之举使其丧失了最佳的学习时间。所以，最终“泯然众人矣”。其次，从这则案例里，我们可以发现“精准思政教育”中的“精准”意味着最佳教育时机的选择，这是很有价值的育人启示。

其次，精准思想政治教育包含着对学习目标的确定及错误学习态度的纠正。方仲永之父为“利”而扳仲永环谒于邑人的行为，让他们父子把知识等同于利益。若非有人用金钱向其乞要诗作，方仲永或许也不会没有学习时间。若非乡邻以宾客之礼待其父，方仲永的父亲或许也会让其继续学业。然而，这暂时的金钱之利扭曲了他们的学习观。

① 王安石著．刘成国校对．王安石文集［M］．北京：中华书局，2021：96.

第四节　精准思政实践资源

“精准思政教育实践资源开发”可理解为利用精准思政教育的理念指导下各种育人实践的尝试。这类资源存在于不同的地域之内，现以家庭、社会、网络为例谈其资源开发的问题。

一、精准思政教育的家庭资源开发

针对大学生而言，既要使其接受精准思政教育，还要使其明确精准思政教育的理念，唯有如此，才能使精准思政教育具有持久的活力。现以《傅雷家书》对此进行说明。

（一）《傅雷家书》的价值

有“苦心孤诣”教子篇之美誉的《傅雷家书》早已为大家所关注。究其价值不外如下几点：

首先，被事实证明为成功的经验总结。家书不只是传递感情的媒介，更是长者指导下一代思考人生、培养下一代砥砺精神的家庭瑰宝。经过这 186 封家书的指导，傅聪成才，傅敏也自成一“家”。因而，实践证明傅雷的家庭教育已体现出了“精准”的特点。“《傅雷家书》既是一本生动的爱国主义教材，又是艺术学徒应该仔细咀嚼的修养读物，也是父母教育孩子的范本，更是帮助青年健康成长的良师益友。”[①] 从引文可知，对大学生而言，《傅雷家书》是爱国主义的教科书，是传承精准思政教育理念的育儿范本。

其次，对人生思考与专业成长整合中的精准教育。傅雷是翻译家，但他对各门艺术的理解却超出了翻译家的水平，所以他能在对子女教育的过程中，

① 刘洋.《傅雷家书》教育思想与艺术魅力简论［D］. 河南大学，2013：36.

把启发子女对人生的思考与专业指导整合到一起。所以有研究者认为，《傅雷家书》……更体现着傅雷真诚高尚的人格魅力、一丝不苟的专业精神和和谐平等的感情观念。① 专业精神的培养是高校的育人职责，和谐平等的感情观念又是思政教育的重点。

再次，着眼于育人的家书。傅雷曾在谈及家书的育人价值时说：家书可以讨论艺术、家书可以激发子女们的感想、家书可以训练子女们的文笔，家书还可以作为一面“镜子”，忠实地反映出各自的内心所想。

（二）《傅雷家书》的开发

《傅雷家书》的精准育人资源开发主要以引导学生感悟融入字里行间的家国情怀为主。下举一例：

聪，亲爱的孩子！……你的（髟上松下）字始终写“别”，记住：上面是“影”，下面是“松”，“松”便是（髟上松下）字的读音，记了这点就不会写错了。要写行书，可以如此写：影。高字的草书是高。

还有一件要紧的小事情：信封上的字别太大，把整个封面都占满了；两次来信，一封是路名被邮票掩去一部分，一封是我的姓名被贴去一只角。因为信封上实在没有地位可贴邮票了。你看看我给你的信封上的字，就可知道怎样才合式。

你的批评精神越来越强，没有被人捧得“忘其所以”，我真快活！你说的脑与心的话，尤其使我安慰。你有这样的了解，才显出你真正的进步。一到波兰，遇到一个如此严格、冷静、着重小节和分析曲体的老师，真是太幸运了。经过他的锻炼，你除了热情澎湃以外，更有个钢铁般的骨骼，使人觉得又热烈又庄严，又有感情又有理智，给人家的力量更深更强！我祝贺你，孩子，我相信你早晚会走到这条路上：过了几年，你的修养一定能够使你的

① 陆洵．从《傅雷家书》看傅雷精神及其对当代青年知识分子的意义——傅雷诞辰一百周年纪念［J］．安徽文学（下半月），2008（06）：35-36.

brain［理智］与 heart［感情］保持平衡。你的性灵越发掘越深厚、越丰富，你的技巧越磨越细，两样凑在一处，必有更广大的听众与批评家会欣赏你。孩子，我真替你快活。

……

大家对你的欣赏，妈妈一边念信一边直淌眼泪。你瞧，孩子，你的成功给我们多大的欢乐！而你的自我批评更使我们喜悦得无可形容。

要是你看我的信，总觉得有教训意味，仿佛父亲老做牧师似的；或者我的一套言论，你从小听得太熟，耳朵起了茧；那末希望你从感情出发，体会我的苦心；同时更要想到：只要是真理，是真切的教训，不管出之于父母或朋友之口，出之于熟人生人，都得接受。别因为是听腻了的，无动于衷，当作耳边风！你别忘了：你从小到现在的家庭背景，不但在中国独一无二，便是在世界上也很少很少。哪个人教育一个年轻的艺术学生，除了艺术以外，再加上这么多的道德的？我完全信任你，我多少年来播的种子……①

在挖掘上述这封家书蕴含的育人资源的时候，我们需要关注如下问题：一是育人与日常生活细节的整合。开篇处的行书与草书之论，既是在教知识，又是在教育孩子，培养自己的认真习惯。特别是对如何写信封封面的问题。既告诉了孩子们如何写，又指出不这样做的危害。二是对孩子自身批评精神的肯定。理智与感情的平衡虽是重要的，但如何能够做到两者的平衡似乎更重要。三是告诫孩子要设身处地替对方着想。一句“只要是真理，是真切的教训，不管出之于父母或朋友之口，出之于熟人生人，都得接受”的谆谆告诫，再一次地诠释了接受正确建议的重要性。四是借助强调育人背景之机告诉孩子们精准教育的重要性，尽管当时傅雷的心中也不一定有精准思政教育的思想，但其这样的教育实践还是再一次证明了精准教育的重要性。尽管当时人们教育学生除了专业知识很少提及道德问题，但傅雷却另辟蹊径，把道德与

① 傅雷，朱梅馥，傅聪著，傅敏编．傅雷家书［M］．南京：译林出版社，2018：185.

艺术教学整合到了一起。

二、精准思政教育的社会资源开发

社会上的许多热点事件均可以成为精准思政教育的育人资源。为此，只要我们选择其恰当的渠道，宣传这些事件就能从中获取积极的影响。

（一）社会资源的特点

社会资源的特点可以这样概括：首先，涉及各行各业。古人只是用“三百六十行，行行出状元”这种人尽皆知的话来鼓励我们干一行爱一行，殊不知，这些各行各业的“状元”所具有的道德感染力是重要的育人资源。

以2019年的“感动中国”评选为例，王娅是退休工人，专职做慈善事业；毛卓云是监狱的看守；叶连平是乡村中学的教师；叶培建是嫦娥登月工程的总指挥；伍淑清为香港与内地的文化交流做出了贡献……虽不能一一历数这些参选者的经历，但这有限的介绍已足以让我们发现本次评选所涉及行业之广。

其次，真人真事，感召力强。共时性的社会资源最具影响力，就上述“感动中国”为例，这些人与育人对象的生活年代相同，其所做所为的影响易为育人对象所认可。故而，社会资源的开发是精准思政教育的核心组成。

（二）社会资源开发关键点

开发可用于精准思政教育的社会资源，需要注意如下几点：一是尽量选择本年度影响最大的社会焦点事件作为育人资源。比如：面对新冠肺炎疫情的肆虐，我们可以选择抗击疫情的一些感人事、新鲜事作为育人的资源。二是借助国家的宣传力度，开发那些可对学生产生重要影响的社会事件。每年一度的道德模范评选，每年一度的“感动中国”的颁奖晚会等，均可成为我们重要的育人资源。三是结合评选活动进行资源开发。以“感动中国”的评选为例，不能只把评选的结果作为资源进行开发，其评选的过程同样重要。

央视网上曾为2019年“感动中国”活动提供了21位候选人及其相关的介绍，供我们评选。无论我们选不选某人，仅从其事迹里也能受到心灵的陶冶。朱丽华是因伤失明的中医师，在其从事推拿的30多年中，她不只用自己的所得资助了480多人，而且帮助100多名残疾人就业，多达373万元的捐款，足以让我们受到震撼。

三、精准思政教育的网络资源开发

网络资源的开发是精准思政教育实践必须面对的话题之一。对此，我们有如下的话题需要说明：

（一）网络资源的特点

网络资源涵盖各学段大学生的育人教育，针对本科生而言，我们需要网络资源的开发，针对研究生而言，精准思政教育同样也离不开网络资源的参与。究其原因，这主要是由其如下的特点所决定的：

首先，虚拟网络的资源具有鲜明的时效性。例如，“徽州宴”可谓是今年的大事，持续发酵了近一个月的时间，直到央媒还原事实真相后才逐渐冷却下来。结合这件事，我们既可以看到网络监督的力量，也可以发现以讹传讹的危害。从事件本身可以感悟到个人修养的重要性，从事件的网络传播还可以发现媒体人应该具备职业修养。为蹭流量，惹关注，有故意制造热点的人，有煽风点火的主播，还有推波助澜的网络水军……这些现象的背后，不只是把事件从一个高潮推向另一个热点，而且让我们不得不思考“吃瓜需理性，公序良俗不能丢”的相关问题。

其次，多维的教育意义。还以“徽州宴”为例，故事的主人公邹某遛狗不拴绳的行为值得我们深思，事发后动手打人的行为更令人气愤。从故事的传播过程来分析，许多参与者的行为也让我们看到了构建或者说守住公序良俗的重要性。

（二）网络资源开发现状

网络资源的开发现状可总结如下：首先，被动式的开发为主。就如上述“徽州宴”这一网络资源而言，我们的资源开发就是如此。当我们发现有人冒充事件的参与者，人为地制造热点的时候，当我们发现某些网络主播故意蹭热点的时候，我们才想到应该从中吸取什么样的教训。其次，以育人为目的的开发研究欠缺。这篇题为《研究生网络思政育人阵地建设研究》的资源开发类文献颇引人关注，其作者马铭、齐乐、丁云哲、赵玉鹏等人的“信息化的发展不断冲击着传统模式下的研究生思想政治教育，高校思政工作者面临着较大的挑战”[①]观点极具启示意义。一方面他们指出网络资源给予育人的影响，另一方面也让我们看到了开发网络资源的重要性。再次，对现有网络资源的开发与构建新的网络资源同样重要。导师、辅导员与思政教师共同组建一个新的育人网络，这其中的影响一定不亚于对现有虚拟网络资源开发的作用。

① 马铭，齐乐，丁云哲，赵玉鹏．研究生网络思政育人阵地建设研究［J］．教育观察，2021，10（45）：40—42.

第六章

精准思政教育理论指导下的积极实施

在精准思政教育资源开发之后，我们最应该探讨的问题就是精准思政教育理论指导下的实施问题。其中包括精准思政教育途径的拓展、精准思政教育模式的构建、精准思政教育成果的共享及精准思政教育经验的传承。

第一节　精准思政教育途径的拓展

精准思政教育的途径有宏观与微观之分。精准思政教育的微观途径主要是指校内学科育人实践。其中包括课程思政与思政课程的精准思政教育实施过程以及思政课程与课程思政之间的彼此协同。精准思政教育途径的宏观途径拓展主要是指突破课程教学限制的育人实证。

一、育人场域协同式拓展

精准思政教育理念指导的育人实践不应受课堂这一空间所局限。特别是对研究生而言，学科育人的作用虽不可否认，但不同场域间的协同仍然有待于挖掘与利用。

（一）育人场域协同的含义

育人场域协同的含义可从两个层面上理解：一是现实育人场域与虚拟场域间的协同。现实育人场域主要包括社会、家庭和校园育人；虚拟场域育人主要是网络育人，以及现在备受研究者热议的元宇宙。2021 年 12 月 10 日，移动通信联合会元宇宙产业委员会发布了一个题为《元宇宙产业宣言》的文件。据其介绍可知，数字技术与文化的集合体是其重要的特征。即使不讨论其技术问题，也理应分析其这一全新空间里的育人问题。这无疑就是使原本还稍显简单的“虚拟网络”里的教育更加复杂化了。二是现实世界里的育人场域协同。即使暂不谈论社会、家庭与校园间协同的复杂性，仅校园内的协同也有待于深化。课堂与校园文化的协同至少还没有进入精准思政教育的研究视野。

（二）古之场域协同育人的案例

“乡土社会是礼治社会”——这是费孝通曾讲过的话。乡土社会的礼治从何而来呢？这个问题的答案是我们拓展精准思政教育途径的关键。在古今社会里，法律制度并非唯一的治理途径。因为，还有乡规民约的参与。在谈及社会法理的时候，以《吕氏乡约》为代表的乡规民约再一次进入了我们的视野。

首先，与多维途径匹配的多维育人目的。对《吕氏乡约》的育人目的与作用，曾有这样的总结：能治其身，能治其家，能事父兄，能教子弟，能御僮仆……能治自，这是指自我道德素养的提升；能事父兄，这是对家庭关系的调整与维护；能教子弟，这是精准育人的传承。为了规范乡约的严肃性，乡镇要设立“约正”一职，“约正”即“众推正直不阿者为之”。其职责就是惩处违规者。宣传与惩处结合的方式就是拓展了课堂育人的不足。在课堂上，学生只有学习的机会，没有践行的机会。更不会受到“约正”的惩罚。

其次，在安民的过程中培养世人践行乡规民约的能力。“告示”“训诫”“榜文”“碑帖”是所有乡约展示其奖励与惩罚的载体。这些由“告示”“榜文”发布的消息强化了乡约的治理作用，培养了世人践行乡约民规的能力，弥补了国家治理体系的不足。国家统治的基础在州县。在州县行政治理工作中，除了“钱谷”之外，最重要的就是治安。[①] 而治安的维护又不能完全依靠法治，还要依赖各自修养的提升。从治身到事父兄再到御僮仆的过程，这就实现了场域育人的协同。

再次，“立约、传约、行约”构建场域育人的协同体系。乡规民约一经确立，其受益者不只是生活在特定地域的人，还包括由这些乡镇里走出来的大学生以及即将回归到这些乡镇里工作、实习的大学生。即使这些大学生不是立约者，但也是传约者；即使不是传约者，也会成为践约者。“立约”是乡约的制定过程，依托那些被继承的传统文化精髓，我们可以实现古今育

① 冯贤亮．清代江南乡村的社会治理及其变化［J/OL］．史学集刊：1–5［2021—12—13］.http：//kns.cnki.net/kcms/detail/22.1064.K.20211206.1626.012.html..

人场域的协同；“传约”就是宣传乡约的过程，即明确哪些事可做，哪些事不可以做的过程。因而这一过程，其实也是精准思政教育的过程。即把精准的育人内容传递给育人对象；“行约”就是践行乡约的过程，即，践行乡约的地点又不会局限于特定的乡镇之内。故而这一行为本身就彰显了场域协同育人的事实。

二、育人主体协同式的拓展

不同育人主体间的协同也可以拓展育人途径，这是不争的事实。可惜的是在目前的研究中，或者利用这种方式拓展精准思政教育的实践者，多把拓展的思维集中到了导师、辅导员和专业课教师的身上。除了这种协同拓展之外，是否还存在着其他的途径拓展呢？答案是肯定的。

（一）“双主体”协同的演变

依据教育教学“双主体”的理念可知，大学生与教师都是教学的主体，那么他们也理应是育人的主体。因为，教学与育人实践是整合到一起的。“实施‘双主体’教学不仅是落实‘以学生为本’教育理念的内在要求，也是提高大学生思想政治素质的有效途径。”[①] 据引文可知，双主体的实施，特别是在思政教育的过程中，实践导向是实现双主体的重要途径。依托实践，学生既要在实践中提升自己的思想道德素养、法律意识，又要在实践中通过自己规范化的言行去影响他人，故而在这样的境遇之中，学生自身的“双主体”地位就实现了。

同样，教学相长这一客观事实的存在，也让育人教师这一主体的角色扮演发生了变化。即，教师是育人的主体，也是被育的主体。所以，我们在此不如从更为宏观的层面上理解“双主体”的含义。

---

① 蒋红，陈娜．高校思想政治理论课“实践导向型”双主体教学模式探析［J］．思想教育研究，2013（02）：60—64.

（二）“双主体”育人的案例

下边这则题为《送东阳马生序》的经典故事可以作为我们上述观点的例证。

送东阳马生序

余幼时即嗜学。家贫，无从致书以观，每假借于藏书之家，手自笔录，计日以还。天大寒，砚冰坚，手指不可屈伸，弗之怠。录毕，走送之，不敢稍逾约。以是人多以书假余，余因得遍观群书。既加冠，益慕圣贤之道，又患无硕师、名人与游，尝趋百里外，从乡之先达执经叩问。先达德隆望尊，门人弟子填其室，未尝稍降辞色。余立侍左右，援疑质理，俯身倾耳以请；或遇其叱咄，色愈恭，礼愈至，不敢出一言以复；俟其欣悦，则又请焉。故余虽愚，卒获有所闻。

当余之从师也，负箧曳屣，行深山巨谷中，穷冬烈风，大雪深数尺，足肤皲裂而不知。至舍，四支僵劲不能动，媵人持汤沃灌，以衾拥覆，久而乃和。寓逆旅，主人日再食，无鲜肥滋味之享。同舍生皆被绮绣，戴朱缨宝饰之帽，腰白玉之环，左佩刀，右备容臭，烨然若神人；余则缊袍敝衣处其间，略无慕艳意。以中有足乐者，不知口体之奉不若人也。盖余之勤且艰若此，今虽耄老，未有所成，犹幸预君子之列，而承天子之宠光，缀公卿之后，日侍坐备顾问，四海亦谬称其氏名，况才之过于余者乎？

今诸生学于太学，县官日有廪稍之供，父母岁有裘葛之遗，无冻馁之患矣；坐大厦之下而诵《诗》《书》，无奔走之劳矣；有司业、博士为之师，未有问而不告，求而不得者也；凡所宜有之书，皆集于此，不必若余之手录，假诸人而后见也。其业有不精，德有不成者，非天质之卑，则心不若余之专耳，岂他人之过哉！

东阳马生君则，在太学已二年，流辈甚称其贤。余朝京师，生以乡人子谒余，撰长书以为贽，辞甚畅达，与之论辨，言和而色夷。自谓少时用心于学甚劳，是可谓善学者矣！其将归见其亲也，余故道为学之难以告之。谓余勉乡人以学者，余之志也；诋我夸际遇之盛而骄乡人者，岂知余者哉！[①]

在文中，作者历数了自己的读书之艰：幼年时没有书可读之苦，稍长又遇执经叩问之难。继而又遭遇了求师奔走之辛，住读生活之困。正是这些堪称苦难的生活，使其养成了正确的苦乐观并培养了自己顽强的毅力。作者反思“卒获有所闻”的缘由并把反思的结果告诉给了这位姓马的同乡。这一过程就表明，学生既是被育的对象，也是实施育人的主体。

① 宋濂．宋濂全集［M］．北京：人民文学出版社，2014：156.

第二节　精准思政教育模式的构建

精准思政教育的实施也需要教学模式的构建。育人模式既是对精准思政育人指导理论的细化，更是对精准育人实践的经验的总结。

一、精准思政教育的育人模式

与精准思政教育理论匹配的育人模式可以概括为需求＋协同。对此，我们可以进行如下的说明。

（一）育人模式的内涵简介

作为一种育人模式，“需求＋协同”应该可以这样理解：首先，“需求”与“协同”的关系是并列的。即，在“需求”决定“协同”内容与形式的同时，“协同”也决定着“需求”的对象及内容。其次，“需求”与“协同”彼此相互交融。即，育人需求之中有协同，协同之中有需求。再次，“需求”与“协同”互为因果关系。“横看成岭侧成峰”，从不同的视角分析，“需求”与“协同”的关系是不一样的。

为了培养学生的科研精神，我们可用的育人资源包括如下几种：首先是科研案例。1993 年 8 月 21 日的《人民日报》曾发表了一篇介绍邓稼先研究原子弹的文章。本文在介绍邓稼先的同时，也对美国原子弹的研究者奥本海默进行了详细的介绍。在两人的对比中，读者深刻地感受到了邓稼先的真诚坦白，感受到了奥本海默的锋芒毕露。对两人性格迥异的原因，本文的作者给出这样的总结：邓稼先深受中国传统文化的浸染，并且是中国共产党理想的党员。从这一答案可知，邓稼先性格的成因，既有传统文化浸染的原因，也受马克思主义的深刻影响。从精准思政教育的角度看，我们需要邓稼先这样的科学家，故而运用传统文化与马克思主义理论精髓的协同来育人。从“协同”的角度看，这样的育人教育是在古今育人资源的协同里实现的，或者说是在中外育人资源的协同里实现的。

（二）育人模式的误区

“需求＋协同”这一育人模式的误区主要有如下表现：首先，需求与协同互为表里。需求是协同育人的内在动力；协同是需求的外在表现。

“通过增加综合性实验、融入思政元素并以微课程呈现教学内容，采用基于 PBL 的混合式教学模式……有效实现了知识传授、能力培养、价值引领的教学目标，成功构建和实践了动物科学专业本科生实验教学‘三位一体’的育人模式。”[①] 引文之所以要在实验里融入思政元素，那就是因为学校要突出以动物科学专业的办学特点。“PBL”是一种新的教学模式，即基于问题的学习模式。或者更确切地说，“PBL”只是一种教学模式，但当其在运用的过程中被植入了思政元素，那么它就表现为满足了教学需求和育人需求，两种“需求”的整合其实也就是协同。因此说，“协同”是“需求”的外在表现。协同是内在的动力刺激。

再次，“辩证的‘需求’＋辩证的‘协同’”。同样的需求可通过不同的资源协同来实现，同样的资源协同也能达到不同的育人需求。在课程思政的实践中，“为楚造云梯之械”的故事经常被引用。这则故事都完成什么样的育人需求呢？第一，这则故事可用来进行扶危济困，帮助弱小思想的培育。楚国是强大的，宋国是弱小的。他制止楚国攻宋，这本身就体现出了抑强扶弱的思想。第二，这则故事还可以用来向学生进行不畏强暴的教育。攻防推演之后，面对理屈词穷的公输盘所讲出的“吾知所以距子矣，吾不言”之语，墨子那一句“虽杀臣，不能绝也”的表白，足以彰显自己视死如归的气概。

---

① 丁雪梅，逄大欣，白春艳，张晓君，唐明祥，徐向红，席景会，单晓辉，包国章，张晶，董英男，丁洪浩，孙博兴．动物科学专业本科生实验教学“三位一体”育人模式的研究［J］．黑龙江畜牧兽医，2021（21）：134—138.

这就是辩证的育人实践里的辩证协同。

二、专业的构建与使用

“需求＋协同”的育人模式的构建与使用都应该坚持“专业化”的原则。对此，我们可以这样理解：

（一）专业化的育人需求确认

高校育人实践里的“需求”至少有两个层面上的含义：一是把“需求”等同于“要求”。即确认我们的育人目标。二是把“需求”理解成为育人实践设计的需要。因为育人与育才是整合在一起的，高校的办学理念、专业特色及其拥有的育人资源完全是不一样的，故而，我们应该依据专业教学的需要，设计具体的育人方案。

“加强高校校友会党建工作，有助于拓宽党建覆盖面……有助于增强党建实效，完善‘大思政’格局。”[①] 据引文可知，加强校友会的党建工作可以完善现有的思政格局，即校友会或者说校友，可以作为一种特殊的育人资源进入精准思政教育的育人实践里。然而，鉴于高校建设的不均衡发展，每一所高校所拥有的校友资源又是不一样的，故而，专业化地分析这些资源能够满足什么样的育人需要，这就显得十分必要了。华南理工大学的毕业生在新能源汽车产业中占据了“半壁江山”，故而有人把华南理工形象地比喻成新能源汽车的“黄埔军校”。这也就是说，华南理工在新能源汽车领域所拥有的校友资源是其他高校所不可比拟的。因而，如何把党建工作拓展到校友会，那无疑就等于把党建工作延伸到校外，把育人工作从校内延伸到了校外。这样就可以实现校内育人与校外育人的协同。在这一过程中，校友会的党建工作的实施需要极专业的思维。如果再深究一点，华南理工的新能源汽车专业

① 邢和祥．关于高校校友会党建工作的思考［J］．学校党建与思想教育，2021（22）：41—43.

如此地惹人注目，得益于学校“新能源智能汽车”这一跨学科研究平台的构建。计算机专业、新能源及车辆工程等原本就是华南理工的优势课程资源，如今把这些优势课程资源进行整合，从而才能取得“强强联合”的效果。如果说，优势课程资源的整合是为了培养合格的建设者，那么党建与校友会的整合，其实就是“立德树人”的实践。

换而言之，课程资源之间的整合其实也是育人资源间的协同。这就引出下一个需要讨论的话题：专业化的协同设计。

（二）专业化的协同设计

专业化的协同设计可从两个方面理解：首先，专业化的育人协同。为了实现精准育人的目的，很多育人者都把 SWOT 分析引入了精准育人实践中。SWOT 中的 S 是 strengths 的缩写；W 是 weaknesses 的缩写；O 是 opportunities 的缩写；T 是 threats 的缩写。即利用优势、劣势、机会、威胁的整合，分析育人对象在外部竞争环境与条件的态势，然后再依据分析结果做出科学的决策。暂且不说整合优势、劣势、机会、威胁这些育人因素的专业化有多么的复杂，仅就 SWOT 分析法的掌握而言，也是需要极其专业知识作为支撑的。

其次，解决大数据衍生的育人问题也需要专业化的知识。大数据在其参与育人实践过程中也表现出了“双刃剑”的特点。它在为精准育人带来便利的同时，也有许多衍生问题值得我们关注。“同时也面临信息泛滥争夺教育对象注意力、大数据应用导致教育者‘数字依赖’以及无差别的信息获取引发数据伦理危机等现实挑战。”[①] 引文列举了大数据参与精准育人实践后所带来的新问题，在这几个衍生问题之中，只有“信息泛滥争夺教育对象注意力”这一问题的解决相对容易些。其他的“数字依赖”及“伦理问题”的解决则

---

① 段立国．大数据背景下高校精准思政工作的 SWOT 分析及策略建构［J］．马克思主义理论学科研究，2021，7（08）：118—127.

相对困难许多。而且这些问题的解决措施也要从协同解决的角度思考，虽然一个问题、一个方法的解决策略相对实用，但采取协同解决策略，利用一个方法解决多个问题的现实也是存在的。所以，要按照现实情况，采取精准的措施来解决高校思政工作中的问题。

第三节　精准思政教育成果的共享

精准思政教育成果的共享会给思政教育带来便利，但精准思政教育成果共享的现状却令人堪忧。故而有如下的主要问题值得我们思考。

一、精准思政教育成果共享的必要性

与传统思政教育成果共享一样，精准思政教育虽是一项新的教改实践，但其成果共享的相关研究却显得格外必要。

（一）共同的育人要求需要成果共享的支撑

首先，共同的育人要求需要成果共享。所有尝试精准思政教育的高校与育人者面对的育人要求都是一样的。为共同的目的，共享自己的育人成果，这是十分必要的。它不仅可以拓展我们的育人思路，而且可以减轻育人教师备课负担，提升育人效果。

这里的育人成果，不仅是精准思政教育的成功经验，也是公开发表的理论文献。它还包括各位育人管理者和育人教师独自开发的育人资源。特别是课程思政育人实践中，同一学科的教师若能与他人共享自己的育人成果，那将会使我们的精准育人实践取得事半功倍的效果。

其次，高校的育人实践需要成果共享。为了培养具有共同核心品德素养的人才，我们的育人实践有必要彼此借鉴。特别是同学科的教师，更应在借鉴彼此知识传授技能的基础上，相互借鉴彼此的育人成功经验。从而实现育人与育才两不误的目的。

在古代汉语的课程思政实践中，我们以《论语》这一文选教学对象为例谈其育人资源开发成果共享的必要性。若要问及某一个古代汉语教师《论语》

一书中有多少育人资源，恐怕很少有人能够给出准确的回答。但若他们阅读过《古汉语文选教学中的思政育人元素——以〈论语〉文选为例》一文，那么他们一定能这样说：学——为人之基；信——为人之本；修身——为人之根。[①]在讲解《论语》中的“信”字时，把其简单地解释为“人言为信”，远不及结合“与朋友交，言而有信”强调“诚信”是为人之本的重要。

（二）令人堪忧的分享现状

成果分享是必要的，但成果分享的现状却是令人堪忧的。不只是精准思政教育成果的共享令人堪忧，整个高校思政教育成果的共享现状也都不尽如人意。

首先，共享的意识与共享制度的欠缺。因为缺乏成果共享意识，任何一个育人主体都不可能主动地尝试各种共享途径；同样，因为缺少必要的共享激励制度，任何一个育人主体也不可能主动地去把自己的成果分享给他人，更何况在版权意识的影响下，任何一个成果都具有私人属性。

其次，制定必要的共享平台的构建与审查机制。成果的共享需要平台构建的支撑，虽然以知网为核心平台的期刊网络平台上可以共享部分成果，但精准思政教育的成果并非都是以论文形式存在的，特别是那些资源开发成果，几乎是不符合期刊网收录要求的。共享平台的建设需要有与之配套的审查机制，哪些成果可共享，以什么样的方式共享，以及共享中的权利保护等核心问题都需要有一个审查机制参与成果共享的实践。

二、成果共享的主要途径归纳

精准思政教育成果共享可以通过如下的途径进行尝试。

---

① 潘杰．古汉语文选教学中的思政育人元素——以《论语》文选为例［J］．名作欣赏，2020（26）：25—27.

（一）平台式共享

“平台共享”，这里的“平台”是指网络平台。为精准思政教育成果共享而构建的网络平台应该一分为二：一是为实现理论成果共享而构建的期刊网；二是为实现实践成果而构建的各级思政慕课平台。在这样的共享中，获益的不只是育人教师及研究者，更多的则是大学生。在2016年的时候，武汉大学的《思想道德修养与法律基础》《中国近现代史纲要》《毛泽东思想和中国特色社会主义理论体系概论》《马克思主义基本原理概论》等四门理论课就以慕课的形式出现在了国家共享平台上。自其慕课共享之后的短短一天之内，校外选课的大学生就已超过1.3万人。由此可见，这平台式共享的育人价值所在。

实践成果的平台式共享如此惹人关注，理论成果的平台共享也更不为我们所忽视。知网平台上《精准思维与协同机制：“四史”教育有效融入高校思政课教学的理念与行动》一文发表后一月之内计有335次的下载量，每日下载次数达到了11次之多。可见，平台式共享对精准思政教育的重要影响。

（二）地域式共享

地域式共享或许还可以称为选择式共享。成果共享可以在高校内部以共享的方式进行传播，也可以在校际传播中实现精准思政教育的均衡发展。从全国的视角分析，精准思政教育与传统思政教育一样，都存在着不均衡的发展态势。就如课程思政的育人实践一样，上海市的高校因其开展较早，理论成果与实践效果均要优于其他地方的高校一样。若在精准教育实施伊始就使其彰显出均衡发展的态势，我们必须坚持地域式共享的思路。

地域式共享有两种表现：一是不同地域内精准思政教育成果的共享，二是同地域内，不同学科间精准思政教育成果的共享。既然都是为了达到大致相同的育人要求，那么即使学科有别，其育人实践也会有相同之处。退一步讲，即使我们在成果共享里发现不了可以借鉴的内容，那么育人者也能从中感受到自己在精准思政教育实践里与他人的差距，从而激发他们对精准育人实践的关注。

（三）科研式共享

科研式共享有多种表现。其中最重要的是面对共同的科研课题，我们选择不同学校的参与者。即在共享科研课题的过程中，在科研资源互补的实践里，完成科研成果与研究资源的共享。如《精准思政：内涵生成与结构演化》这一理论成果就是由电子科技大学马克思主义学院的吴满意和西南交通大学马克思主义学院的景星维共同撰写的。同时，这一理论成果又是 2016 年电子科技大学哲学社会科学繁荣计划基地培育专项“网络思想政治教育理论与实践创新基地”项目研究的成果。从而可见科研式共享的重要性。这就证明了科研式共享对精准思政教育的积极影响。

第四节 精准思政教育经验的传承

虽然精准思政教育的理念进入育人体制时间相对较短，但早已存在的精准思政教育实践已积累了丰富的经验，如何传承这些经验，这又是一个至关重要的话题。不同类型的经验需要不同的传承途径与方法。故而先谈及经验的分类，再议及经验的传承。

一、精准思政教育经验的分类

精准思政教育经验依据其育人模式的构成，即“需求 + 协同”来区分，我们可把其一分为二：确认育人需求的经验和设计协同实践的经验。

（一）确认育人需求的经验

“育人需求”有两种表现形式：一是育什么样的人，二是用什么育人。对于前者已有详述，故此处不再赘述。现以如何确定用什么来育人为例，谈一谈如何确认育人需求的经验问题。

首先，挖掘育人资源的价值，从而确认其为育人实践中的价值。在资源开发过程中，要确认开发的资源是否可以用于育人实践以及如何运用于育人实践。在精准思政教育实践中，党史这一育人资源具有什么样的价值呢？这取决于我们对党史育人价值的挖掘。《关于正确处理人民内部矛盾的问题》这个党史资料，它可被运用于“明理”的育人实践。因为，这一成果是中国特色社会主义理论探索的初步成果。从其敌我矛盾与人民内部矛盾的区分，从其对人民内部三种不同类型矛盾的分析以及针对不同矛盾解决方法的确定等足以让学生明确“中国共产党为什么‘能’、马克思主义为什么‘行’、中国特色社会主义为什么'好'"[①]的道理。"明理"的同时，党史又可以用于"四个自信"的培养实践——这是基于"毛泽东思想和中国特色社会主义理论体系概论"课的育人资源开发而得到的育人经验。

其次，借鉴他人的成果，丰富自己的选材经验。精准思政教育的实践还会出现在考场上，特别是每年一度的全国硕士研究生的政治试卷里，也有许多我们值得借鉴的精准思政教育经验。

2020年颁布的《中华人民共和国民法典》是新中国第一部以法典命名的法律，这部法典共七编，1260条，包括总则、物权、合同、人格权、婚姻家庭、继承、侵权责任以及附则。被称为"社会生活的百科全书"。它系统地整合了新中国成立七十多年来司法实践中形成的民事法律规范，汲取和借鉴了中外优势法治建设的有益成果，是一部具有鲜明中国特色、实践特色、时代特色的民法典，开创了我国法典编纂立法的先河。编纂民法典的重大意义是：

A. 推进全面依法治国，推进国家法律体系和治理能力现代化的重大举措

B. 坚持和完善中国特色社会主义制度的现实需求

C. 坚持和完善社会主义基本经济制度、推动经济高质量发展的客观要求

D. 增进人民福祉，维护广大人民根本利益的必然要求[②]

这是一道选自新东方考研网上的政治多选真题。与其说这是一道考查题目，不如说是一个精准思政教育的育人题目。试题设计给予精准思政教育的启示有：

首先，选择最新的材料去培养学生的四个自信。考生从四个选项里判断出A选项为正确的时候，这就等于他们认可了国家法律体系的构建工作，就等于他们确认了国家法理能力的提升；当考生确认B选项为正确的时候，就

① 操菊华，陈薇．党史教育精准融入高校思政课教学探究［J］．学校党建与思想教育，2021（21）：62—64.

②https：//kaoyan.koolearn.com/zhuanti/1v1pc23/?pc_hash=xKvlS5.

等于这些本科生已认可了《民法典》对现实需求的满足；当考生确认 C 选项为正确的时候，就等于他们感悟到了《民法典》对经济发展的影响……一句话，当学生能够确认这一多选题的全部答案时，就等于完成了对这些考生的精准思政教育。所以说，我们的精准思政教育要选择那些具有时代特点的育人材料，这就是经验的积累与育人经验的丰富。

（二）设计协同实践的经验

积累设计协同实践的经验，其目的主要是为了解决“如何实施精准思政教育”的问题。为此，我们需要关注如下几个方面的问题：

首先，分析与自己精准思政教育实践密切相关的案例。这是因为：一是与自己密切相关的案例更具有借鉴意义。二是分析与自己密切相关的案例更有利于指导我们的精准思政，进而达到育人实效的目的。隔行如隔山，精准思政教育存在于高校的全部育人活动之中。故而，只有那些与自己行业密切相关的案例才能使之受到启发。

其次，经验的汲取与积累取决于案例的获取与挖掘。案例的获取途径都有哪些呢？在案例的获取过程中又都要注意哪些问题呢？案例的获取途径是多种多样的，一是校内精准思政教育案例的获取。其中包括校园建设中的精准思政教育案例；课堂教学中的精准思政教育案例以及学术研究、评价考核中的精准思政教育案例等等。二是校外精准思政教育案例的获取。特别是国家思政慕课网站等。案例的获取过程，一定要以实用为主。凡是对自己具有启发的案例均是需要分析的对象。这里“实用”可从两个层面上理解，一是能够解决自己进行精准思政教育时遇到的困惑；二是能够解决自己育人实践中的不足。

再次，经验汲取的方式。一是简单地模仿性接受。这是适合于校内经验的继承，因为处于一个相同的育人环境之中，面对大致相同或相似的育人对象，因而，即使是简单的模仿，也能提升我们精准育人实践效果。二是理性的经验继承。即在理论的视角下，审视其设计的案例。无论是其成功之处，还是失败之由，都能为我们后续的设计提供参考。因而虽说是实践经验的传承，我们也更应有理性的分析。

二、精准思政实践经验的传承

精准思政教育实践经验的传承可从三个方面思考，即社会传承、家庭传承与校园传承。

（一）精准思政教育的社会传承

上文曾经谈到过吕蒙，对其学有所成的经验，曾有研究者这样总结：一个人一生当中，有好的母亲、好的老板、好的同事，便最为幸运。吕蒙三者都有，母亲支持他、孙权教导他、鲁肃赏识他，难怪很快就成为东吴的杰出将领。当然，吕蒙自己的决心和毅力，才是真正持续进步的原因。[①] 在引文里，作者几乎把所有关键社会因素给予人物成长的影响都进行了归纳。对于吕蒙而言，他所受到的精准教育源自他的母亲。当吕蒙跟随邓当作战而受到母亲的责备时，吕蒙讲了一句这样的话：现在这样贫贱的日子，实在是难以生活下去。外出作战，说不定可以获得功劳，就能取得富贵。况且，不入虎穴，焉得虎子？吕蒙有两层意思，一是为自己作战进行辩解，为了改变自己的生活，他迫不得已去作战。因而，得到了母亲的认可。二是“不入虎穴，焉得虎子”之语，初看颇具冒险特点，实则为求虎子而深入虎穴那一定是经过缜密思考的行动。故而母亲的认可，表明她是一位与众不同的女性。

其次，孙权是吕蒙成长中的好“老板”。孙权不仅能够及时发现自己“员工”——吕蒙的知识欠缺，而且还能运用恰当的方法激励其努力学习。面对被人讥笑“吴下阿蒙”的部下，孙权没有嫌弃，反而鼓励其学习，依靠学习来改变自己，为了尽忠。

再次，同事的支持。鲁肃是吕蒙的好同事，看似其与吕母拜别的行为很简单，其实背后蕴含着鲁肃对吕母的认可、对吕蒙的认可。

---

① 曾仕强．点评三国之道：论三国智慧［M］．西安：陕西师范大学出版社，2010：235.

综合上述可知，吕蒙的成功是其母亲、孙权、鲁肃等协同教育的必然结果。如此的社会经验需要在理性的总结中得到传承。

（二）精准思政教育的家庭传承

《增广贤文》《小儿语》《三字经》《曾国藩家书》等经典的文献之中均有经验应得到传承。“养不教，父之过”这是《三字经》里的名言；“养子不教如养驴，养女不教如养猪”这是《增广贤文》里的名句；“但愿为读书明理之君子”是《曾国藩家书》传授的经验。上边所列名言的共同特点都表现为精准家庭教育经验的传承。子，应该由谁来教，《三字经》给出了答复；子，不教的危害，《增广贤文》里有如此的答案；教子读书的目的是什么，《曾国藩家书》里又有明确的答案。明理者，于家有益，于国有功。故而这就是精准的家庭教育传承。

上述经验的传承可通过两种途径产生影响：一是利用家庭教育，为学生的成长夯实思政教育的基础；二是通过上述经验参与课堂教学影响大学生。对于后者，有研究者这样说：“优秀家风家训与大学生德育目标一致，教育内容相近，教育方式相通，将其融入大学生德育，具有一定的可行性。”[①]引文讲述了如下的事实：首先，家风与家训的目标与高校的德育教育具有相同的育人目标。因而，即使在大学生的幼年没有接受过这样的教育，那么他们在高校课堂上学习这些家训的内容，也仍然可对其自身的成长产生重要的影响。其次，家训的教育内容与高校德育的教育内容相同。相同的育人目标，相同的育人内容，势必会导致育人方式的相同之处。故而，大学生精准思政教育实践经验的传承不能忽略对精准家庭教育的研究。

（三）精准思政教育的校园传承

精准思政教育实践经验的校园传承最值得关注。校园传承有两种基本的

---

① 胡文丽 . 优秀家风家训融入大学生德育探析［J］. 汉字文化，2021（22）：180—182.

方式：一是对课堂育人经验的总结与归纳；二是依托学术研究的方式总结并归纳可以传承的实践经验。对于前者而言，《优秀家风家训融入大学生德育探析》就是一个案例。即，如何利用家风、家训对德育教育的问题进行专业的探讨。对于后者而言，《武术课程思政工作的现实反思与实践优化——基于学生精神成长视阈下的精准思政理念》就又是一个经典的案例。为了探讨武术教学中的精准思政教育，作者结合精准思政教育的理论为精髓，详细审视了学生精神成长视阈下的精准思政理念的实践经验。与家庭传承与社会传承相比，校园传承似乎更重要，更具理性的特点。

第七章
大学生精准思政教育的效果评估

精准思政教育的效果只有在评估中才能得到真实的反馈。只有效果的反馈，我们才能逐步完善精准思政教育的实践。故而，精准思政教育的评估是又一个值得探讨的系统性话题。

第一节　精准思政教育评估标准的制定

既然是评价就应该有评价标准的体系化构建。对此需要思考如下的问题。

一、借鉴中的体系化构建

精准思政教育是一项崭新的育人实践。对其进行效果评价，其评价标准的体系化构建应该在如下的借鉴中完成。

（一）评价角度的确立

评价角度的确立可以为我们后续思考如何构建评价体系提供启示。现有思政教育评价指标由两部分构成：一是评价的逻辑性标准指标；二是评价的概念性指标。这两个方面的指标均要从学生角度、老师角度和思政课评价者角度构建。[①] 据引文可知，精准思政教育的评价标准至少应该有三个方面的内容，即，针对学生而进行的效果评价；针对教师，即育人者进行的效果评价；针对评价者需要而进行的评价。这也就是说，精准思政教育效果评价的体系构建应从师、生、管理者的三个角度思考。为师者，要从评价里发现自己精准思政教育设计中存在的问题；为生者，要从评价的结果里获取自己理论学习与践行里的不足之处；管理者，要从评价的结果中获取自己管理的成功之处与改进之点。

（二）评价指标的体系化构成

评价的指标构成包括具体的评价指标与各项指标在评价中的占比。评价

① 白双翎 . 新时代健全高等院校思政课教学评价标准的探索［J］. 中国标准化，2021（18）：100—102.

指标应该按照层级构建。其层级的构建体现在两个方面：一是从精准思政教育管理⟶实证精准思政教育的教师⟶接受精准思政教育的学生。二是针对其中的管理者、教师及学生而制定的层级评价指标。如，针对精准思政教育团队而言，评价的指标包括对构建情况的评价，对其成员精准思政能力与专业素养的评价以及对其成员能否具备正确的政治观念、理论系统性的把握等。三是评价权重的构成，即每一项评价结果在整个评价体系中的占比。

（三）体系化构建的思考

体系化构建是层级指标的整合与评价对象的整合。一级指标与二级指标和三级指标的分层次设计就体现出体系化的构建；与此同时，如下表中的一级指标里，又可以细分为精准思政教育团队的构建、精准思政实践的管理、教学效果的精准评价、教改与育人经验的精准协同等指标体系化构建。具体而言，本次设计的测评指标体系由 4 个一级指标、10 个二级指标及 16 个三级指标构成。

精准思政教育评价体系化的简表

一级指标 A	二级指标 B	三级指标 C
精准思政教育团队的构建 A1	思政能力与专业素养的精准协同能力 B1	正确的政治方向、丰富的政治理论知识、过硬的专业技能 C1
	师德培养与师风构建的精准协同理念 B2	钻研精准思政理念、有较强的育人责任感 C2
	团队成员的精准协同 B3	管理者、专业课教师、思想政治理论课教师、在彼此的协同中实施精准思政实践 C3

续表

一级指标 A	二级指标 B	三级指标 C
精准思政实践的管理 A2	教学质量 B4	精准思政调查问卷与考试成绩结合反馈教学效果 C4
		公开课、科研论文反馈与院系领导评价、督导评价整合反馈教学效果 C5
	精准思政教育的个性化育人实践 B5	整合教育信息技术，充分挖掘、利用专业的育人资源。育人与专业课教学的精准对接 C6
		校内外精准育人案例协同，师生互动中精准对接 C7
		精准思想政治教育能满足学生的个性化成长需求　C8
		思想政治教育符合教育方针且能满足学生的个性化成长需求 C9
	专业课与思想政治教育的精准协同 B6	挖掘、开发精准思政资源并融入精准思政教育实践 C10
		彰显政治立场，突出精准育人的科学性，强化精准思政育人的导向性 C11
教学效果的精准评价 A3	学生的精准评价 B7	学生反馈较好，学有所获，修养提升，政治意识较强 C12
	学术性的精准评价 B8	获取院系、学校及同仁、学术界的好评 C13
教政与育人经验精准协同 A4	彰显精准思政教育特点的育人改革 B9	精准协同他人的思政实践，借鉴他人的经验并创新式运用于自己的育人实践 C14
		总结、分享自己的精准育人经验，有意识地构建精准思政的新资源 C15
	精准的教学研讨、经验交流 B10	在交流与研讨中，构建适合本学科且能够彰显自己育人艺术的思政方法体系 C16

二、使用中的完善

上述评价体系的尝试构建是不完善的。针对其存在的问题，只有在不断的经验总结中才能逐步完善，使之评价的结果更加贴近精准思政教育的客观现实。

（一）评价权重再斟酌式的完善

体系化的评价需要与科学性的权重占比相互匹配。每一项的评价结果应占多大的权重，是一个科学的问题，也是管理科学研究的对象。就教学督导而言，学校教学督导评价占总分值的 20%，二级学院教学督导评价占总分值的 10%，学生评价占总分值的 30%，教学管理评价占总分值的 30%，同行评价占总分值的 10%。[①] 引文是一则评价思政教育效果的权重占比研究，这样的权重占比是否也适合用于精准思政教育的效果评价呢？答案是否定的。因为，本科生与研究生的精准思政教育实践是不完全相同的。如果这样的评价权重体系适合于本科生的精准思政教育，那么它不会很好地适合用于研究生的精准思政教育评价。推理可知，适合于博士研究生的权重不一定适合于硕士研究生的精准思政教育评价，更不一定适合于本科生的权重评价。但其究竟是否适应，还要等待实践的检验。

仅以高校目前常用的督导评价为例，它还可以细化为校级的督导评价和学院级的督导评价，两者所占的权重是否应该一样？如何评价结果所占的权重不一样，不同级别的评价又各应占有什么样的比重，这确实是一个需要完善的评价实践。

（二）与实践拓展匹配式的完善

思政教育效果评价，多采用高校督导组评价、育人对象（学生）评价、育人管理主体评价以及育人者评价（教师同行间的互评）等评价方式。当高

① 白双翎．新时代健全高等院校思政课教学评价标准的探索［J］．中国标准化，2021（18）：100—102.

校的精准思政教育与社会对接之后，是否还会出现社会育人主体的评价，当高校育人与家庭育人实现精准对接的时候，是否还会出现家庭育人主体的评价，当高校思政教育与网络育人实现精准对接的时候，是否有网络管理主体的评价形式，目前还不得而知。总之，随着高校精准思政教育范围的拓展，传统评价的方式也肯定会改变，这不只是评价主体数量上的增减，更有评价方式的与时俱进和精准取舍。因而说，与实践拓展匹配式的评价完善似乎更正确。

（三）细化式的完善

在高校的育人体系中，除了课程思政与思政课程这两个主要的育人途径之外，还有高校党课这一重要的育人途径。党课不只是高校党建的核心，更是高校育人的重要途径与媒介。因而，如何评价高校党课的育人效果，这是一项亟待研究的课题，更是一项应该纳入精准思政教育评价研究的话题，毕竟党课现已存在于精准思政教育的实践之中了。然而，现有的评价体系却未能涵盖党课育人实践。为此，我们就需要在细化评价的过程中对其完善。

首先，从党课育人局限性上细化评价。党课是大学生入党前的培训环节，目的是培养大学生对党的忠诚，培养学生的理想信念。然而党课培训在育人数量上没能把大多数希望入党但未取得入党资格的大学生们包含在内。这些大学生同样也具有学习需求，他们也渴望自己有正确的信念，更希望自己能够加入党课培训学习的行列。因此，如果仅对被培训者进行评价，就很难把党课的育人价值真正评价好。

其次，现有的评价标准需要细化。党课的效果评价多把考试作为唯一的评价方式，然而因瞬时记忆而获取的成绩并不能反馈学生践行学习理论的真实情况。因而，如何评价实践效果，这是现有评价标准体系里所需要细化的。

第二节　精准思政教育评估方式的选择

探讨精准思政教育评估的方式及选择问题，我们应该基于对精准思政教育评估现状的了解谈起。其中包括如何改革现有的评估方式以使之更加适合精准思政教育的评估与如何规划未来精准思政教育评估的相关问题。

一、在借鉴中构建的精准思政教育评估

以精准思政教育为对象的评估研究还相对匮乏。但我们却可以在借鉴高校现有思政教育评估的研究所得中进行构建。

（一）高校思政教育评估研究的现状

高校思政教育评估是一项跨学科的管理活动。既要有管理学的知识，又要有思政教育的知识。高校思政教育评估一般是指评估主体确定评估标准后，利用某种评估手段，通过科学的评估方式来确认育人效果及育人者履行职责情况的活动。

我国关于高校的思政教育评估是由两条主线进行的：一是思政教育专项评估；二是综合性评估。首先，思政教育专项评估又以两种主要的形式进行：一是学校的自我评估过程，即对照《高等学校思政课建设标准》的详细规定，逐一发现高校思政教育工作中存在的问题并把自我检查的结果反馈给上级主管部门。二是高校的主管部门，依据《高等学校思政课建设标准》的具体规定，以督导的方式对高校思想政治教育的情况进行检查、反馈。这样的督导又有三种评估方式，即全国范围的定期评估、不定期评估和日常评估。

综合评估与思政教育专项评估相比，它的覆盖范围相对更广。可分为普通本科院校的评估与高职院校的评估。评估的依据是相关的行政制度与规范

性的文件要求。

（二）可借鉴的经验总结

可供高校精准思政教育评估借鉴的经验存在于对其现有评估体系存在问题的发现及对其解决策略的探讨中。目前高校思政教育评估体系存在着哪些问题呢？李健美在其所撰写的文章中进行了这样的总结："高校思政课教育评估存在行政色彩过浓，独立性、可靠性相对较弱的缺陷。""高校思政课教育评估程序和过程相对单一，客观性和可靠性有待增强。"[①] 引文作者的总结显然是正确的。目前所有的评估均是由教育部评估中心或各省教育行政主管部门主持进行的。故而评估中带有行政的特点，这就在所难免了。同时，即使评估团队的构成均是由抽调的专家组成，也很难与高校思政教育实现全面的精准对接，所以，评估结果也会在一定程度上存在不够精准的情况。评估是一个复杂的过程，需要耗费较大的时间与精力，而这又是行政评估所不能解决的。每次的评估都有时间上的限制，若要让有限的评估者在有限的时间内，客观把握评估对象的全部情况，这恐怕是一件很难的事情，所以引文的作者认为这种评估的客观性与可靠性有待增强。

目前高校评估或者说高校思政教育评估中存在的问题，显然不止上述引文作者所列举的那样简单，对于其他的问题还有待于我们在日后的探讨时深入地总结与发现。如果说发现问题是经验借鉴的前提，那么解决问题就是经验借鉴的开始。

二、精准思政教育评估方式的规划与思考

究竟应该采取什么样的方式评估精准思政教育呢？不同人会有不同的答案。但这些看似殊异的答案，肯定有如下的相同点：

① 李健美．高校思想政治教育理论课评估存在的问题及对策思考［J］．铜陵职业技术学院学报，2016，15（04）：83—85.

（一）基于新理论的评估模式构建

评估模式的构建影响着评估方式的选择。因而，依据新的思政教育实践的需要去构建一个新的评估模式，然后才能谈及评估方式选择的问题。CIPP这一评估模式一经提出就受到评估研究者的关注。依据这些理论的精髓，有研究者构建了如下图所示的评估模式。①

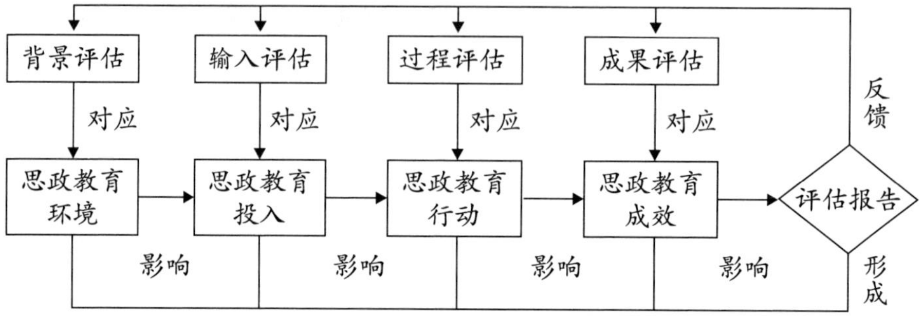

图1　高校思政课CIPP总模型

这一评估模式的创新之处有三：第一，它把思政教育的背景评估纳入了其中。如果仅仅评估单一的思政教育内容，不足以反馈某一高校思政教育的育人情况。例如，校园文化建设，不只是思政教育的媒介，更是影响思政教育的背景因素。第二，输入评估的纳入，让我们的评价更加贴近思政教育评估的实际。其中包括对育人准备、育人者能力的提升等诸多影响思政效果的非物质因素与智力因素的投入等。第三，过程评估和成果评估的整合，使多维形式的评估成了可能。从某种程度上讲，CIPP这一评估模式的使用还包括上述诸因素间相互影响情况的评估等。

（二）基于新评估模式的评估方式选择

在实施CIPP评估模式的过程中，引文的作者又制定了如下的评价指标体

① 李宇佳，魏东雄，华玉武．基于CIPP模式的高校思政课教育评估研究——以北京农学院研究生思政课为例［J］．教育教学论坛，2019（19）：50—52.

系，据此我们可以确定如下的评估方式：[①]

表 1　基于 CIPP 的高校思政课教学评价指标体系

<table>
<tr><th>一级指标</th><th>二级指标</th><th>三级指标</th><th>一级指标</th><th>二级指标</th><th>三级指标</th></tr>
<tr><td rowspan="4">思政教育环境</td><td rowspan="2">社会需求</td><td>高等教育需求</td><td rowspan="6">思想教育行动</td><td rowspan="2">教师表现</td><td>专业性</td></tr>
<tr><td>学生需求</td><td>积极性</td></tr>
<tr><td rowspan="2">培养目标</td><td>教学目标</td><td rowspan="4">学生表现</td><td>出勤</td></tr>
<tr><td>人才目标</td><td>积极性</td></tr>
<tr><td rowspan="5">思政教育投入</td><td rowspan="2">课程准备</td><td>课程计划</td><td>参与性</td></tr>
<tr><td>设施准备</td><td>课堂考核</td></tr>
<tr><td>师资力量</td><td>专业教师</td><td rowspan="4">思想教育成效</td><td rowspan="2">教学收获</td><td>学生素养提升</td></tr>
<tr><td rowspan="2">预算投入</td><td>人力预算</td><td>教师素养提升</td></tr>
<tr><td>经费预算</td><td rowspan="2">课程影响</td><td>正面影响</td></tr>
<tr><td>思政教育行动</td><td>授课过程</td><td>课程执行</td><td>负面影响</td></tr>
</table>

首先，以调查问卷方式的借鉴。以上述评价指标体系中的“思想教育行动”这一指标而言，我们可以采取调查问卷的形式进行评估。教师的表现与学生的表现，虽然要以课堂表现为主，但现实生活的日常行为，也可以反馈他们的学习所得，或者更确切地说是高校的育人效果。

其次，定期评估方式的沿用。定期评估虽有其弊端，但它却仍然可用于精准思政教育的评估中。因为以思政教育的评估而言，即使是同一高校，用于精准思政教育的评估也会在不同的时期表现出较大的差异。随着育人队伍成员的新老更替以及因其他事务的影响也会使投入情况发生人为的改变。故

① 李宇佳，魏东雄，华玉武．基于 CIPP 模式的高校思政课教育评估研究——以北京农学院研究生思政课为例［J］．教育教学论坛，2019（19）：50—52.

而，定期的评估可以更好地反馈这些投入情况。在整个育人评估体系中，任何一个评估对象的变化都会引发评估结果的变迁，这背后既是对哲学普遍联系原理的形象化说明，也是对 CIPP 评估模式特点的客观性提示。

再次，自评与他评的整合方式。评估是为了及时发现精准思政教育中存在的问题，因而，自评与他评的整合尤为重要。自评，可以随着依据精准思政教育的需要而随时进行评估；他评则不然，它的时限性决定了其不可能像自评那样可以随时地向育人者提供需要反馈的信息。故而两者的整合，更能彰显评估的价值所在。尤其在育人改革日新月异的新时期，多种评估方式的整合更具现实意义与评估价值。

最后，学术渐进性的评估。育人实践会随着育人理论的发展而发展，故而结合新的理论成果，修订评估标准或许是最好的选择。如对“课程思政”内涵理解的不同，我们的评估标准也会有所更新，评估方式更会有新的选择。在谈及“课程思政”内涵的理解误区时，曾有研究者结合理工科的育人实践，指出:“以理工科为例，‘课程思政’不等于在专业课教育教学中植入科学精神、工程 / 医学伦理、人文精神、法治精神和生态文明理念等。这些元素，一个业务精湛的专业课教师都能够在教育教学中得以践行。”[①] 据引文可知，若把其中的科学精神、工程伦理等机械地纳入评估的对象之中，显然就不是对课程思政育人实践的评估了。

① 郾显俊.论高校“课程思政”的“思政元素”、实践误区及教育评估[J].思想教育研究，2020（02）：88—92.

第三节　精准思政教育评估过程的开展

基于对精准思政教育评估方式的探讨，我们在此基础上思考另一个话题：精准思政教育评估的开展。

一、精准思政教育评估的规划与制度保障

高校精准思政教育的评估应该有其科学的规划与制度保障。科学的规划可以保证其评估结果的公正；完善的制度体系可以通过对评估行为的规范而间接影响到评估的结果。

（一）科学的规划

精准思政教育评估的规划涉及如下几个方面的内容：首先，评估的时间与频率。在什么时间进行评估与评估的频率都取决于评估目的。评估也是一把双刃剑，过于频繁的评估虽能及时发现精准思政教育中存在的问题，但它也会因为评估的准备而影响育人的实践。因而，我们要科学地选择与规划具体的评估时间。俗语说，十年树木，百年树人。树人不仅需要长时间的培育，而且也需要经过一定时间才能彰显出育人的效果。从理论学习的感悟到日常生活里的行为约束，这非长时间的磨炼而不能形成。

其次，精准思政育人队伍的建设与精准思政育人的个性化设计与评估队伍的建设同样也需要规划。就如要进行精准的课程思政育人而言，对“课程思政”这一中国特有的育人实践而言，价值取向是其核心的特征。但运用什么样的媒介才能帮助学生树立正确的价值取向呢？不同的人有不同的理解。即使部分教师不能将“人文精神”“生态文明理念”纳入课程思政元素之中，这些内容也要纳入课程思政实践教学，并成为帮助师生增强“四个自信”的

必备育人环节。

（二）完善的制度体系

精准思政教育评估是一项严谨的实践活动，对其应该有严格的制度规范。否则，就很难保证评估过程的公正性、评估结果的客观性、评估实践的科学性。

“第五轮学科评估工作方案将党建思政工作纳入学科评估体系，这既是我国学科自身发展的必然趋势，更是为党育人、为国育才的价值体现。”[①] 据引文可知，党建思政工作已纳入了新评估体系，但在新的评估体制中如何把这一要求落到实处，这的确是一个依靠制度保证的问题。如何把其纳入评估的指导思想里，如何把其纳入评估指标体系的构建中，如何凸显党建给予学科建设的积极影响，这需要相关评估制度的保证。“支部”是否建在了学科上，党建工作是否在学科治理中彰显了自己的效能，这所有的一切，都需要制度来规范。

二、精准思政教育评估的问卷与访谈

精准思政教育的评估多以调查问卷的方式进行。如何才能制定一张能够反馈高校精准思政教育实际情况的问卷呢？这需要我们从多个角度思考。反馈高校精准教育思政管理的问卷与反馈课堂精准育人问卷不同；反馈教师精准育人情况的问卷与反馈学生参与精准育人实践情况的问卷更有所差别。故而制定如下三份内容迥异的调查问卷来为后续的评估实践做准备。

（一）教师精准思政评价指标的权重调查表

本次调查以访谈的方式进行，对本次访谈进行如下的说明：

① 王志军，余烨邦，余昶．高校党建思政工作引领学科建设的对策研究——基于学科评估的视角［J］．浙江工业大学学报（社会科学版），2021，20（02）：154—158.

1. 访谈背景

精准思政教育现已成了高校育人的事实。如何评价精准思政教育实践的效果，事关后续精准思政教育的育人设计与精准思政教育理论的完善。鉴于本次访谈的意义所在，为了制定科学的评估体系，确定各项评估指标所占的权重，特制定本次访谈提纲。希望各位参与本次调查的领导、老师、学生们仔细阅读各项调查内容，慎重打分，把您内心真实的想法反馈给我们。

诚心地感谢各位领导、老师和同学们能够在百忙之中参与本次调研活动。

2. 访谈对象

高校精准思政教育的管理者、专业课教师、思想理论课教师以及各专业的部分研究生本科生及以精准思政教育为研究对象的部分学者。

3. 访谈的方式

线上与线下相互结合的方式。

4. 评价指标调查表及填表说明

填表说明：本次设计的测评指标体系由 4 个一级指标、10 个二级指标及 16 个三级指标构成。参与调研的人员依据由特别不满意到非常满意的顺序为其赋分，与其对应，分别依次赋予 1—5 分。所赋之分要充分体现精准思政教育理论指导下高校育人实际情况。

精准思政教育评价指标体系

一级指标 A	赋分	二级指标 B	赋分	三级指标 C	赋分
精准思政教育团队的构建 A1		思政能力与专业素养的精准协同能力 B1		正确的政治方向、丰富的政治理论知识、过硬的专业技能 C1	
		师德培养与师风构建的精准协同理念 B2		钻研精准思政理念、有较强的育人责任感 C2	
		团队成员的精准协同 B3		管理者、专业课教师、思想政治理论课教师在彼此的协同中实施精准思政实践 C3	

续表

一级指标 A	赋分	二级指标 B	赋分	三级指标 C	赋分
精准思政实践的管理 A2		教学质量 B4		精准思政调查问卷与考试成绩结合反馈教学效果 C4	
				公开课、科研论文反馈与院系领导评价、督导评价整合反馈教学效果 C5	
		精准思政教育的个性化育人实践 B5		整合教育信息技术,充分挖掘、利用专业的育人资源。育人与专业课教学的精准对接 C6	
				校内外精准育人案例协同，师生互动中精准对接 C7	
				精准思想政治教育能满足学生的个性化成长需求 C8	
				思想政治教育符合教育方针且能满足学生个性化成长需求 C9	
		专业课与思想政治教育的精准协同 B6		挖掘、开发精准思政资源并融入精准思政教育实践 C10	
				彰显政治立场，突出精准育人的科学性，强化精准思政育人的导向性 C11	
教学效果的精准评价 A3		学生的精准评价 B7		学生反馈较好，学有所获，修养提升，政治意识较强 C12	
		学术性的精准评价 B8		获取院系、学校及同仁、学术界的好评 C13	
教政与育人经验精准协同 A4		彰显精准思政教育特点的育人改革 B9		精准协同他人的思政实践，借鉴他人的经验并创新式运用于自己的育人实践 C14	
				总结、分享自己的精准育人经验，有意识地构建精准思政的新资源 C15	
		精准的教学研讨、经验交流 B10		在交流与研讨中，构建适合本学科且能够彰显自己育人艺术的思政方法体系 C16	

（二）访谈式评估提纲的制定

根据不同的访谈对象，我们制定如下两种类型的访谈提纲：

访谈提纲 A（教师）

1. 访谈背景

育人教师包括思政理论课的教师和参与课程思政的育人教师。他们是否应用精准思政教育的理论设计自己的育人实践，直接关系到最终育人的效果提升与精准思政教育理论的完善与普及。故而设计了如下的访谈提纲，希望参与调查的每一位专业课教师都能把自己的育人体会反馈给我们。在此诚心地感谢每一位参与调查的专业课老师！

2. 访谈对象

参与访谈的育人教师。

3. 访谈方式

线上与线下结合。

4. 访谈内容

（1）您是否依据精准思政教育的理论要求，分析过学生的思政学习需求，如果分析过，您的具体操作是什么样的？依据这样的操作，您发现学生的思政需求可以分为几种类型？您又是通过什么样的方式来满足学生这些思政需求的？如果您没有运用精准思政教育的理论分析过学生的思政学习需求，那么您未来是否想要进行精准思政育人理念指导下的育人实践设计呢？

（2）学生是否在课堂上，或课间向您诉说过自己的思政需求？如果有，那么他们最大的需求是什么？

（3）您在精准课程思政的设计与实施中，是否想到过协同学的理论？是否想到过其他的育人理论，如果想到过，请对此进行简要的列举。

（4）您认为如何才能提升精准思政教育的育人效果，我们需要在哪些教育教学理论的协同中来解决精准思政育人实践中遇到的问题？

（5）在您的精准思政育人设计中，您是否想到育人资源开发的问题？

如果想到过，您都从事过怎样的开发？请简要叙述育人资源开发过程及经验所得。

访谈提纲 B（学生）

1. 访谈背景

精准思政是所有学生必须面对的受教育途径。通过精准思政教育，不仅可以满足自己健康成长的需要，而且还能提升自己的品德修养。然而，这一切都是在“思政需求”的不断满足中实现的。故而，能否明确地知晓自己的思政学习需求，能够创新自己的学习方式，快速地获取自己所需要的思政信息，这事关我们的健康成长，也事关高校精准思政育人实践的完善。所以，希望参与本次访谈的所有学生都能够把自己切身的学习体会反馈给我们。

2. 访谈对象

参与访谈的学生（本科生和研究生）。

3. 访谈方式

线上与线下结合。

4. 访谈提纲

（1）您是否认真思考过自己的思政需求？如果分析过，请告知您的思政需求都有哪些。

（2）您认为现有的精准思政教学能否满足您的需求。如果能够满足，请具体说一说是如何满足的。如果不能，请您列举现阶段不能满足的需求还有哪些，以及希望通过什么样的途径来满足这些需求。

（3）在成长的过程中，为了满足自己的思政需求，您都利用过哪些学习资源，选择过哪些学习方式？在这些学习资源与学习方式中，您认为对自己学习影响最大的是其中的哪一种资源，哪一种学习方式。

（4）您希望在未来的育人实践中，老师们利用什么样的教学方式来满足自己的哪些思政学习需求？

（5）您的思政需求与本专业的同学是否一致？如果一致，您在其他同学满足自己成长需求的过程中，觉得有哪些值得借鉴的地方？如果不一致，您认为自己应该如何创新自己的学习方式来满足自己的思政需求?

三、精准思政教育评估的实施

精准思政教育评估的实施可分两步进行：一是教育主管部门的评估，即教育部或省级教育主管部门组织的评估。二是自我评估。

（一）教育主管部门评估的实施

教育主管部门评估的实施可以结合上述精准思政评价指标体系调查表所获取的统计数据进行完善后实施。虽然没有必要在每次评估前都进行这样的调查，但适合需要的调查还是能够反馈一线教师实施精准思政教育的诉求的。特别是对高校从事精准思政的管理者而言，更是如此。

首先，充分准备的评估更能促进精准思政教育的实施。所谓的准备，除了评估团队的组建之外，确认评估的对象，选择评估的标准，科学地设计评估指标的权重尤为重要。因而，需要在正式评估之前，以调查的方式对上述各项内容进行确认。

其次，评估的实施可依据相关的文件与制度进行。评估是一项耗时费力的事情，若不能获取客观而真实的数据，不仅对精准思政教育无益，而且对精准思政教育的管理或者说育人改革也无益。故而，规范评估行为，确定评估时间，这都是评估中最值得注意的问题。

（二）自我评估的实施

自我评估是一项非常重要的育人管理工作。不仅参与精准思政教育实践的每一名教师需要进行自我评估，而且精准思政教育实践的高校管理者也需要在自我评估中发现精准思政教育实践中存在的问题，并制定解决这些问题的对策，从而在不断完善的精准思政教育实践里，逐步提升本校精准思政育人的效果，逐步提升高校间、高校与社会、家庭精准协同育人的能力。

首先，及时的自我评估很重要。自我评估与主管部门的评估不一样，它更具有“及时”的特点。所谓的及时是指精准思政教育的评估与育人者所需要的反馈需求保持一致。只要获取精准思政教育的信息，我们就要进行评估。

其次，配合性的自我评估很重要。自我评估可以独立进行，也可以在配合主管部门的评估中进行。特别是后者，更能彰显自我评估的价值。精准思政教育实践，既是一项主动育人实践，更是一项被动式的实践。为了能够达到上级主管部门育人的要求，每一名精准思政的管理者和育人者都要不断地获取自己精准育人的效果并不断地发现育人中存在的问题。为此，匹配性的评估至关重要。

第四节　精准思政教育评估结果的运用

如果说精准思政教育的效果评价结果侧重于运用育人实践，那么精准思政教育的评估结果则更侧重于运用到高校精准育人的管理中，即被用于精准思政管理与精准思政教育改革。

一、用于精准思政管理

在宏观的层面上，精准思政教育的评估结果就是用于发现高校精准思政教育管理中存在的问题。

（一）发现问题

评估就是为了发现问题。在评估中发现的问题可一分为二：一是取得的成就；二是实践中的不足。前者可以为我们积累经验，后者可以为我们确认未来工作的方向。从这点讲，精准思政教育的评估主要为了积累管理经验。

在一则针对医学专业思政教育的评估研究中，评估发现了如下几个方面的问题："思政教师单兵作战""教育方式单一""评估体系不健全"[①]。这几个问题都与思政教育的管理密切相关。解决思政教师单兵作战的问题，要高校管理者不断改进自己的工作才能解决。特别是对于精准思政教育而言，"协同"是解决单兵作战的最佳方式。但谁与谁协同，如何协同，这需要从管理层面上来探讨。这一问题的解决，单凭思政教师自己的力量是很难解决的。同样，评估体系不健全的问题更是如此，这不仅需要高校的管理者认真思考，更需要这些管理者与上级主管领导的协同解决。故而说，评估主要是

---

① 孟夏."课程思政"视阈下医学类高校思政质量评估体系的构建[J].产业与科技论坛，2021，20（17）：243—245.

发现问题与解决问题。

（二）解决问题

依托评估结果反馈对象的不同，评估中发现的问题可以有不同的解决方式。利用这些不同的解决方式可以解决不同的问题。

首先，解决育人实践中存在的问题。还以上述案例而言，针对思政教育中存在的“教育方式单一”这一问题而言，我们可以由任课教师来解决，也可以由任课教师与管理者的协同来实现。在一则以医学微生物学为载体的育人实践中，育人者利用微生物学专业杰出科学家的事迹向学生进行思政教育，利用典型的临床成功治疗案例以及学生实验中经典案例等，解决教育方式单一的问题。[①] 从引文中可以看出，为了解决育人的问题，育人者可谓是煞费苦心，从学科史的角度开发育人资源，把科学家的经典事迹纳入其中。这有如我们在邓稼先与奥本海默的对比中发现邓稼先身上共产党员的品质一样，既激发了专业学习的兴趣，又实现了育人目的。特别是引文所述，利用学生实验过程中的身边事向学生进行思政教育的方式，更应引发我们的关注。以身边人教育身边人，这不就是我们古代精准教育思想中所强调的“以身示教”吗？

其次，评估结果还可用于解决育人管理中存在的问题。作为评估结果反馈的对象，思政教育管理者既要从评估结果里发现育人实践中存在的问题，又要发现自身管理中存在的问题。特别是后者，似乎更具评估意义。当我们把国内的评估与国外的评估对比后就会发现两种评估中存在的问题，为了解决这些评估中存在的问题，有人提出了“管办评分离”的原则并探讨评估市场准入制度。暂且不谈这一市场准入制度的制定与实施，仅从其探讨本身来看，这就已极具教育价值了。

---

① 胡阳，石立莹，李梅．医学微生物学课程思政教学设计及评价方法［J］．医学教育研究与实践，2019，27（03）：476—479.

二、用于精准思政教育改革

与精准教育改革的相关一切问题，都要结合评估结果的分析与利用来说明。

（一）确认精准思政教育改革的思路

精准思政教育改革的思路可以结合评估结果来探讨。精准思政教育改革涉及多个育人问题，其中包括育人团队的建设、育人方式的选择与精准思政教育理论体系的完善以及评估理论的更新等诸多实践。

首先，“大学边界理论”视角下的精准思政教育评估理论改革。在大学边界理论下评估高校的课程实践可以发现优化课程思政与思政课程之间的边界，可以获取这样的优化结果：这些优化举措，不是混同、混淆、取消、固守二者之间的边界，而是在确保各自学科立场的前提下，形成课程思政与思政课程“你中有我、我中有你、和谐共生”的“课程共同体”，在立德树人进程中同向同行，相互增效，产生协同效应。[①]引文所述事实可以证明利用大学边界学理论改革精准思政教育的评估理念，或许是正确的选择。因为这更能使育人过程中的学科立场得到确保，更能实现课程与思政教育的整合。换而言之，就是更能彰显“协同”这一精准思政教育的特点。

其次，“大思政”理念下的精准思政实践。评估理论的更新势必会引发育人实践的改革，这里的大思政其实就是协同育人，而协同育人目的的实现关键就在于诸多思政要素“精准”的协同。“课程思政”的实质就符合“大思政”的理念，“课程思政”的魅力所在，有研究者这样总结：“课程思政”的魅力在于德行的魅力、人文素养的魅力以及价值引领的魅力。[②]从引文可知，德行、人文素养及价值引领的魅力的实现需要依据不同的育人媒介的参与。故而，这些育人因素间的协同是否精准，影响着最终的育人效果。这就有如“课

① 戚庆沛，周金恋，刘广明，柴淑婉．边界优化：高校课程思政与思政课程同向同行的机制原理［J］．郑州大学学报（哲学社会科学版），2021，54（06）：86—89.

② 崔戈．“大思政”格局下外语“课程思政”建设的探索与实践［J］．思想理论教育导刊，2019（07）：138—140.

程共同体”的构建一样，课程共同体的精准构建其实就是各种育人媒介或说是育人要素间的相互增效以及彼此互补中的协同效应。从这个层面上讲，对大思政育人实践的评估结果，其实也就是精准思政教育改革的思路依据。

（二）精准思政教育改革的趋向

评估的结果还影响着未来精准思政改革的未来走向。从某种程度上讲，精准思政评估本身就是一种育人导向。与其说评估是发现育人问题的过程，不如说是解决育人问题的过程。针对性的问题发现与对特定问题的解决，在潜移默化中就实现了对精准思政教育未来改革趋向的决定作用。

《高等学校思想政治理论课建设标准》是我国目前高校思政教育评估的指导性文件。该“标准”的颁布实施，虽明确了评估的任务与思政教育的发展方向，但对其评估项目分析，我们却可以发现，仅仅评估思政教育的“管理”不足以反馈高校的育人水平。因为，“思政组织管理”“思政教学管理”“思政队伍管理”“思政学科建设”等评估要素虽然是影响育人效果的主要因素，但这样的评估对象体系中却缺少了“思政教育质量”这一重要的指标构建。随着对现有评估体系存在问题的发现，未来思政教育评估体系里，思政教育质量的标准——这一评估内容势必会进入未来的评估之中。“精准思政”就是为了追求“质量”而进行的育人改革，故而，如何评估育人实践中的“精准”与如何评估育人的“质量”同样重要。

第八章
大学生精准思政教育的方案设计

精准思政教育的实施，需要有切实的育人方案与之匹配而后才能得到大家的认可与接受。故而在此以专科生、本科生、硕士研究生和博士研究生的精准思政教育为对象，对如何设计精准思政的问题进行逐一的探讨。

第一节　大学专科生的精准思政教育方案

针对大专生而言，以其为对象的精准思政教育实践可从两个层面上思考。即普通院校与职业院校大专生的精准思政教育。

一、普通院校大专生的精准思政方案

普通院校专科生的精准思政方案可以结合其学业提升需求与就业需求两个层面思考。

（一）以满足学业提升需求为目标的精准思政教育方案

普通院校的大专生面临两种选择，其中最重要的选择就是学业的提升。学业提升的过程中，大专生首先要面对的是思政理论知识的考试。故而，如何精准对接大专生思政理论学习的需要，这是本次方案设计的出发点。

首先，从专升本的真题里挖掘学生的理论学习需求。例如下面这道试题：

马克思主义揭示人的本质的出发点是（　　）

A. 人的自身需要　B. 人类的共同利益　C. 人的社会关系　D . 人的自然属性

从试题的设计可以看出，大专生的理论学习有强化核心概念教学的需要。“人的本质”是一个核心概念，因而，强化对核心概念的理解至关重要；同时，如何认识“人的本质”这又事关方法论的学习。即马克思对人本质的分析之所以与众不同，很大程度上取决于他审视问题的视角。故而，本题的命制主旨之一或许就在于此。

其次，以强化理论学习为主要目标的方案设计。“知理而行，则无不达”就是强调明理重要的一句话。若不是知晓了“富贵不能淫，贫贱不能移，威武不能屈，此之谓大丈夫”的道理，那些可以堪称“大丈夫”的人，又怎么能坦然面对物质利益的侵蚀，又怎能在令人难耐的境遇里坚持，面对强权亦不屈服。

“知理则不屈，知势则不沮，知节则不穷。见小利不动，见小患不避……”这是苏洵的观点。见小利而不动，见小患而不避，这一切都是基于知理而不屈的体现。从这点看，理论知识的学习是提升品德修养的关键所在。

综上所述，以满足学业提升需求为目标的精准思政教育方案应该重点突出如下内容：第一，以提高政治理论修养为目的的理论学习。这里涉及马克思主义理论体系核心概念的学习，涉及方法论知识的渗透；第二，以明理为内容的精准思政教育方案。思想政治教育中的马克思主义理论的学习还是依赖课堂教学完成，离开了学校，很少有人能够系统性把握马克思主义的理论。故而，大专生的理论学习是非常重要的。

（二）以满足就业需求为目标的精准思政教育方案

除了一部分需要提升学业之外，还有许多大专生都选择了就业。这部分大专生未来的职业所需要的道德操守都需要在精准思政的育人实践中完成。例如，以五年制师范生而言，他们未来的职业就是中小学的教师。为此，教师职业道德教育就理应成为精准思政教育方案中的重点。

首先，以树立职业理想为目标的思政教育。俗话说，“不想当元帅的士兵不是好士兵”，有什么样的职业理想，决定他们将来能够成为什么样的老师。所以，要基于职业理想的确立，对其进行思政教育。

其次，以《中小学教师职业道德规范》的内容为依托，对学生进行精准的思政教育。仅以其中的“爱国守法”而言，它涉及许多内容的教育教学。尤其“终身学习”教育，更是如此。若要向学生分享一杯水，老师至少要有一桶水的储备。

二、职业院校大专生的精准思政教育方案

职业院校大专生的精准思政教育方案应该重点突出如下几个方面的内容：

（一）与职业育人精准对接的育人方式

与职业育人精准对接的育人方式是中职专精准育人方案制订的重要内容之一。中职专的育人途径有二：一是以传播理论知识为主的课堂育人实践；二是培养实践技能为主的课外实习。在这两种途径之中，工匠精神的培养都绝对堪称是一种重要的育人途径。为此，我们把中央电视台的纪录片《大国工匠》引入思想教育的实践之中。纪录片中所提及的每一个人都有其惹人注目的成就，每一个工匠都在自己的岗位上默默地坚守，把自己的职业技能达到了完美。作为工匠精神的代表，孟剑锋无数次地精雕细琢，终于得到了令人叹为观止的“丝巾”。这就有如庖丁解牛一样，有如欧阳修笔下的卖油翁的“我亦无他，惟手熟尔”一样，若无千百次的锤炼，他怎能如此手法娴熟？

（二）与时代育人需求精准对接的材料选择

选择具有时代特点的育人材料更能实现精准思政教育的目标。为此，我们提倡在育人实践中尽量选择那些具有鲜明时代特点的育人材料。越是贴近师生生活的材料，越能激发共鸣。《“后疫情时代”高职金融课程思政之重思、重构、重践》一文的作者许嘉扬和史真真两人就把新冠疫情作为写作教学的背景要素，结合金融课程承载的财富观的构建，进行育人实践。高职生如此，中职生的育人也是这样。

再如，在中职写作课的教学中，结合新冠疫情，我们明确写作的主题。那些“最美逆行者”的事迹，既是他们写作的素材，又是这些中职生对比自己的言行，反思品德修养的媒介。故而在育人方案设计中，与时代育人需求精准对接的材料选择也是极其重要的一环。

（三）与教改整合的育人模式构建

中职大专生精准思政教育的方案中必须重视育人模式的构建问题。“高等院校应依据社会需求积极开展实践教学，并将实践教学和就业结合在一起，这样才能培养出更符合社会要求的人才并使其在岗位上获得良好发展。”[①]引文明确地告诉我们，职业教育的育人模式应该突破课堂教学的限制并把育人的范畴延伸到实习学习之中。实践教学与就业整合，在实践教学中实现知识学习、技能培养与思政教育的统一，这才是一个职业育人模式的完整体系。

与此同时，在《国务院关于印发国家职业教育改革实施方案的通知》（国发〔2019〕4号）中曾有这样的规定：“每3年修订1次教材，其中专业教材随信息技术发展和产业升级情况及时动态更新。”[②]依据这条规定可知，在教材的修订中，那及时更新的内容，既是知识传授的载体，也是培养学生思想道德素养的媒介。所以，有研究者在总结中职专教材编写原则时，把“育人原则”列于“职业性原则”“高深性原则”“系列性原则”[③]之前。

① 莫倩，罗安仲，黎丽．就业导向下高职高专思政课实践教学模式研究［C］//2020年课堂教学教育改革专题研讨会论文集，2020：2197—2198.

② http：//www.gov.cn/zhengce/content/2019-02/13/content_5365341.htm.

③ 李枭鹰，郭新伟，符艺．高职教材的整体生成：内涵、界位、要素和原则［J］．现代教育管理，2021（10）：98—105.

第二节　大学本科生的精准思政教育方案

大学本科生的精准思政教育方案的制订，也可以从高校管理层面的精准思政教育实施方案和课堂育人层面的精准思政教育实施方案两个层面上思考。

一、高校管理层面的精准思政教育实施方案

以各大期刊网所刊发的成果为依据，普通本科院校的精准思政教育是最有成就的。一方面是相关的研究成果最多，另一方面是本科院校的精准思政实践所取得的效果最好。究其原因，这都得益于其管理层面上的精准组织设计。

（一）强化管理组织建设，抓好精准思政的统筹设计

高校精准思政教育的实践应在科学的组织建构下，统筹规划，科学设计。为此，有许多高校都把课程思政实践与思政课程育人的组织构建与精准思政教育的育人组织整合到了一起，由其统一协调本校的高校育人实践，这是一项非常有效的管理工作。精准思政教育需要大数据的支撑，而数据的利用又需要信息资源的整合，故而，这里的组织协同，不只是育人教师的统筹安排，更有育人资源的整合与技术设备的匹配。

大数据对思政教育的影响有多种表现：首先，可以通过大数据获取学生思政学习的评价结果。在目前的普通高校思政教育中，国家慕课平台，智慧树等均是学生在课堂教学之外，用以满足自己思政学习需求的主要途径。这些平台不只有对学习情况的记录，而且这些记录还可用以生成学习报告，评估与分析学生的学习需求。但这些报告的获取与生成却非一线思政课教师能独自完成的，它需要由平台管理者依据自己精准思政教育实践所承担的角色，

反馈给一线教师。因而，这就需要有科学的组织构建。其次，思政数据库的构建与使用可为精准思政教育的统筹规划提供参考。构建学生的思政数据库，需要收集学生学习与生活中的诸多信息，图书借阅，网页浏览，微博评论……都应纳入其中。然而，这些数据又分属于不同的行政部门。所以，为协调这些数据共享，我们也需要构建一个强有力的组织，并在其协调下，统筹设计精准思政教育的育人工作。

（二）以培训为载体，提升精准思政教育的能力

精准思政教育的实施需要信息支柱的支撑。但大多数思政教师都缺乏必要的信息支柱，这绝对是一个不可忽视的现实。能够利用大数据进行分析的人，很少有人能懂思政教育的规律，懂得思政教育规律的人，又很少能知晓大数据的收集、分析。故而在这一尴尬的事实面前，普通高校应该以培训为载体，提升大家的精准思政能力。然而，从培训的组织规划到实施再到被培训者掌握这些技术并把其运用于精准思政教育实践，这又需要一个相当长的时间。为此，目前我们不得不依靠科学的组织构建来弥补精准思政实施中的这一短板。“思政课教师多为人文社科类的专业背景，对大数据的相关知识了解不多，所以面对客观载体收集来的海量数据往往存在望洋兴叹的窘境，或是无从下手，或是只能做一些简单的归类处理。”[①] 引文描述的事实几乎存在所有的高校精准思政实践中。大数据分析永远都是那些具有文科背景的育人教师所无法回避的尴尬。然而，对这些数据只进行简单的处理又无法充分挖掘出其背后的思政价值，故而培养复合型人才的育人者或者说利用组织建设，通过人才的整合来促进精准思政的实施，这绝对是一个管理者应该思考的问题。

① 刘洋 . 运用大数据提升高校思想政治理论课教学实效的反思［J］. 思想理论教育，2021（11）：72—77.

二、课堂育人层面的精准思政教育实施方案

育人层面上的精准思政教育实施方案可从两个层面上思考：一是预警与纠偏；二是细化与创新。

（一）预警与纠偏

“预警与纠偏”就是“精准思政教育”中“精准”一词的外在表现。“预警”是指对育人实践产生问题征兆的发现与把握。因而，这可以起到未雨绸缪的作用；“纠偏”是对已发生育人问题的科学处理。因而，这可以把因育人失误产生的消极影响降到最低的限度。

育人层面上的“预警”可涵盖精准思政教育的全部育人环节。“所谓精准到人，就是要围绕立德树人根本任务，运用智能算法技术，精准研判学生群体和个体的特点……”[①] 引文从三个方面对如何“精准”的问题进行了预警：在第一个层面上，“立德树人”是精准思政教育的要求，脱离这一要求，精准思政之“精准”就无从谈起；在第二个层面上，如何精准到人的方法选择——智能算法。选用其他的方法或许也可以实现精准的目的，但就目前而言，智能算法应该是不二的选择。第三个层面上，精准的内容，即精准到学生群体与人体特点。班级授课制下，既要顾及全体学生的需求，也要照顾到学生个体思政素养的培育。

育人层面上的“纠偏”是指对现有育人问题的解决。在班级授课制的育人实践里，育人者既要顾及班集体所有成员的学习需要，又要力争满足每一个学生自身的学习需求，这几乎是一件非常困难的事情。在“课程思政”实施之初，许多育人者都误认为“课程思政”是专业教学中融入思政教育，其实不然。“‘课程思政’必须和思想政治理论课育人、辅导员管理育人形成

① 潘治．高校实施精准思政：价值·困境·路径［J］．中学政治教学参考，2021（20）：63—65.

合力，同向同行，方能实现‘三全育人’的目标。”[①] 据引文可知，“课程思政”育人实践的地域不仅由课堂拓展到了课外，而且育人主体也由专业课教师增加到了辅导员。场域的拓展，育人主体的增加，这就是对传统育人误区的纠正。

（二）细化与创新

普通院校本科生的精准思政教育研究已取得了相对丰硕的成果，依托这些成果再进行细化，可以改变思政教育中供需失衡的问题。

精准思政教育需要结合国家育人的硬性要求和学生成长的个性化要求，在现有育人体系的过程中构建育人模型。对于这个优化过程，有研究者希望通过如下“五个精准”来推进精准思政教育的发展。它们分别是精准识别后的数据采集；精准画像式的数据分析；精准供给为特点的育人策略；以精准追踪为特点的育人效果评估；以精准评价为依托的育人模型优化。[②]

引文里“五个精准”的得出，其本身就彰显了本科生精准思政教育的科研进程。利用这些科研成果，我们可以对现有育人体系进行改革，以使育人实践中的供给达到理想化的平衡。

在阐释第一个“精准识别”的时候，引文作者把数据采集对象首先分成两类。在第一类对象里，我们需要采集的对象有学生整体数据、学生类别群体数据以及学生个体的思想、行为状态数据。从学生群体与学生个体的数据分类，能使后续的精准思政教育设计兼顾学生的共性需求与个性化成长的不同需要——这就实现了数据采集上的创新；与此同时，引文作者又以学生生活空间上的差异，把数据采集的对象分为班级、社团、支部、网络场域的数据采集。不同空间内的数据采集，正如引文作者所言的那样，有利于我们发

① 鄢显俊.论高校“课程思政”的“思政元素”、实践误区及教育评估[J].思想教育研究，2020（02）：88—92.

② 赵红灿，周远.高校精准思政体系构建的复杂性范式转换［J］.思想教育研究，2021（11）：130—134.

现学生普遍性的思政需求与特殊化的需要——所以说，针对院校本科生的精准思政实施方案里，一定要有科研与创新的内容。

三、学术活动层面的精准思政教育的实施方案

针对本科生而进行的精准思政教育，还要有学术层面上的实施方案。尤其是对于普通院校的本科生而言，他们既要成为精准思政教育的受益者，又要成为精准思政理念的实践者，而这一切的实现，都要依赖精准思政学术方案的制订与实施。

（一）精准的角色定位

本科生的角色定位事关学术层面上精准思政教育方案的制定与实施。本科生，不应只是精准思政教育的受益者，而且更应该成为精准思政教育的研究者与传播者。这不只是对学生自身的健康成长有益，更可在其为人父、为人母后从事精准的家庭教育夯实理念基础。即在向学生提供思政知识的同时，还要向学生提供精准的育人方法理念。

在学习“不在其位，不谋其政”这句话的时候，如果仅仅向学生讲述“不在那个职位上就不参与那个职位上的事情”这样翻译，这显然是达不到育人效果的。为此，我们还要引导学生阅读一些与之相关的学术性著作并结合这些著作纠正他们角色定位上的失误。

（一）先把自己的分内工作做好，再去帮助他人，是一件好事。自己的工作做不好，老喜欢管别人的事，便是多管闲事，令人厌恶，也使人怀疑有什么不良的企图。

（二）团体讲求分工合作，既然分工，就不应该侵犯他人的职权。为了合作，除了各人把分内工作做好之外，更应该整体配合，支援他人把工作做好。

（三）不是完全不管他人的事务，也不应该干预、妨碍他人的工作。各

人尽责，努力配合，才是合理的工作态度。[①]

引文可谓是对孔子“不在其位，不谋其政”的正确解读。首先，不在其位谋其政的危害有二：一是会妨碍自己的工作，二是会招致他人对自己的误解。其次，每一个人都有自己的角色定位，如果角色定位失败，那么就会影响到团体合作。都说人多力量大，但若无彼此间精准协同，人多也未必力量大。再次，各人尽责，努力配合，这才是协同精准的要义所在。

结合学术成果去理解古代传统文化所蕴含的精准育人价值，这本身就是极具学术性质的精准思政教育实践。也正是这样的育人过程，才能使这些本科生成为精准思政教育理念的传播者与研究者。因为曾先生在引文里的表述，精准地解析了“不在其位，不谋其政”这句话在生活中应有的育人作用。

（二）融入学术活动的思政教育

从未来发展而言，一部分本科生会直接参加工作，另一部分本科生极有可能成为精准思政的研究者。即使不是思政专业的学生，他们也有跨学科考研的机会。因此，我们不妨把本科生的学术活动作为一种实施精准思政教育的手段。如何把党史融入精准思政教育，这或许是许多精准思政研究者格外关注的话题。为了解决党史与思政教育的精准对接，我们以对“长征精神”的学术探讨为例，总结出如下育人方案。该方案由三个阶段完成：

首先，资料搜集——学术研究的准备阶段。为了明确长征精神的精准内涵，我们引导学生利用学校的馆藏资料并参考各期刊网上的最新研究成果，感悟长征精神的内涵。这些资料包括题为《红军长征和长征精神》这篇发表于《中共党史研究》上的重要文献以及《长征精神及其时代价值研究》和《长征精神与社会主义核心价值观》《关于长征和长征精神，习近平这样说》等相关理论成果。

① 曾仕强，曾仁良．论语里的生活智慧［M］．西安：陕西师范大学出版社，2009.08：235.

其次，撰写研究综述——学术研究中实现精准育人必备过程。资料的收集虽也是育人实践的必要组成，但其育人效果却远不及撰写研究综述过程中的育人那样明显。撰写综述的过程，既是学生感悟长征精神的过程，也是培养学生学术研究能力的过程。故而在这样的学术探讨中，这些本科生们不只是对其内涵的感悟，更有对“长征精神”逻辑外延的明确。随着对革命理想主义与革命乐观主义等外延的逐渐明确，学生的感触会越来越深，学生受到的教育会越来越大。

再次，学术成果的汇报——学术研究中实现精准思政教育的最后环节。成果汇报，可从两个层面上理解，一是学生撰写的研究综述；二是学生在撰写综述过程中的感触与经验积累。虽然后者的感性特点相对浓一些，但其对学生思政素养的提升却不亚于综述的撰写。从不了解长征精神到明确其应有的内涵再到发现长征精神的时代价值，这一学术活动本身，其实早已是一次以精准思政教育为核心的育人实践了。

第三节　硕士研究生的精准思政教育方案

与本科生相比，硕士研究生的精准思政教育研究相对滞后。正是因为相对滞后，探讨硕士研究生的精准思政教育方案或许更具有理论价值与现实意义。

一、以育人主体协同为核心的精准思政教育方案

以育人主体协同为核心的精准思政教育方案的制定可从如下三个方面思考：

（一）硕士研究生的育人主体

硕士研究生的育人主体是一个复杂的构成。仅学校这特定场域内的育人主体而言，就有导师、思政辅导员以及他的任课教师等。

首先，导师的作用最大。“导师是研究生培养的第一责任人，承担着研究生思想政治教育的首要责任。”[①]据引文可知，第一责任人的作用有二：一是对研究生的学术培养；二是对研究生思政素养的培育，故而导师的角色扮演是最重要的。从研究生的学习特点来看，与其接触最长，影响力最大的人莫过于导师了。可对于这样的事实，并非所有的导师都意识到了。对此，笔者曾在 2019 年以“导师负有对研究生进行思政教育的首要责任”和“课程思政中要充分发挥导师的首要责任的作用”进行过一次访谈式的调查，其最终的数据统计如下：对此观点非常认同的导师占总访谈人数的 35%；对此观点比较认同的人数占比为 45%；一般认同的人数占比为 15%；不太认同的人数占比 5%。当我们在 2021 年 11 月再次以相同的方式进行访谈的时候，上述数

① 教育部关于进一步加强和改进研究生思想政治教育的若干意见［R］. 教思政〔2010〕11 号文.

据发生了如下的变化：非常认同的导师人数占比达到了 75%；比较认同的人数达到 23%；一般认同的人数占比只有 2%。从如此的数据变迁里可知，导师们都已意识到了自己承担的育人任务。

其次，研究生的思政辅导员的作用不可低估。对此，曾有这样的结论：思政辅导员对研究生日常生活、人际交往、心理健康状态方面有着积极的影响作用，这也间接影响着研究生的价值观和择业观，能够帮助研究生规划合理的发展路线。① 引文在总结思政辅导员育人价值的基础上，也对其进行思政教育的方式进行了说明。鉴于思政辅导员对其学生的熟悉，对其人际交往的了解，对其心理健康状况的把握，思政辅导员可以对学生价值观、择业观产生积极的影响。

再次，其他专业课教师的作用各有侧重。随着课程思政育人实践的普及，每一名专业课教师都在育人实践中淋漓尽致地发挥着自己的影响。《基于 CIPP 的行业院校研究生课程思政评价指标体系研究》《北京协和医学院思想政治理论课教学改革探究》《药学研究生“课程思政”设计及实施效果研究——基于“CPU 大讲堂”个案分析》等成果的出现就再一次例证了研究生教育实践中专业课教师的育人作用。在此仅对语言学及应用语言学专业的硕士研究生而言，他们需要学习的课程就有自然辩证法、历史唯物主义专题研究、外语、现代语言学理论、当代西方语言学流派、汉语史、计算语言学理论基础等专业课程。面对如此繁多的课程设置，即使不谈及这些任课教师与思政辅导员等的协同，仅这些专业课教师间的协同育人，其效果也着实令人瞩目了。

（二）育人主体协同的缘由

育人主体协同的缘由可在研究生意识形态教育面临的挑战中发现端倪。对研究生意识形态教育面对的挑战，有研究者进行了这样的总结：社会思潮纷繁复杂、敌对势力善于伪装、网络信息多元化传播、研究生群体易受影响、

①夏禛.浅析思政辅导员对提高研究生就业质量的影响[J].当代教育实践与教学研究，2019（03）：234—236.

研究生意识形态教育缺乏有效覆盖。[①]引文的列举已相对充分，从主、客观两个层面总结了影响的主要因素。其实，对此问题的分析还可以结合育人实践的视角进行重新的审视，育人主体若能实现精准协同，即使社会思潮再纷繁复杂，它也会被拥有马克思主义理论知识的学生识破。敌对势力再善于伪装，它也会在拥有文化自信的学生面前被一一识破……正是基于这样的思考，上述引文的作者提出以“树立主流的价值教育理念”等育人观点。而主流价值观的教育完全可以通过育人主体协同的方式来实现。

研究生教材的编写者，可以通过在教材编写中融入革命文化的方式，强化教材这一育人载体的思政教育价值；专业课的教师可以把革命文化融入知识的传授中；思政课程的教师可以通过融合革命文化强化理论学习的针对性……故而育人主体的协同是必要的，也是可行的。

（三）硕士研究生育人主体的协同途径

硕士研究生育人主体的协同，可有多种途径供我们选择：第一个途径是以共性的育人要求为目标，实现育人主体间的协同。正如前边所谈及的那样，精准思政教育的育人要求有针对研究生群体的共性要求，也有针对某一位研究生个性化的育人要求。虽然后者不易实现育人主体的协同，但对于前者而言，面对研究生群体的育人要求，研究生的不同育人主体还是相对容易形成育人合力的。不同专业研究生的个体差异较大，不同培养阶段的研究生相对区别更为明显。知识构建，学习动力，育人媒介，思政教育的重点都会有所差别。因而，只有面对共同的育人要求，不同的育人主体才易形成育人合力。

“精准思政抓关键　党员培训促领航”——这是华中师范大学进行精准思政教育的经验总结。在其创新性构建的“1+6”精准育人模式中，“影像教学环节”曾是现代数字育人资源开发与利用的重要环节之一。在这环节中，育人者引入了《平“语”近人——习近平总书记用典》与《榜样》这样的育

① 陈琳，李艳，卢利聃，夏雪娇，何盈．新时代研究生意识形态教育面临的挑战及其应对思路［J］．教育与教学研究，2021，35（12）：102—110.

人材料。

总书记在强调“个人修养”的重要性时，曾引用了“与人不求备，检身若不及”的典故。如果仅是观看影像资料，这一典故给予文科研究生的影响或许还稍好些，但对于理工科研究生而言，恐怕很多人都没有听说过，更别说接受其所蕴含思想的影响了。为此，这就需要讲解《尚书》时的教师，强调这句话的出处并对其给予现代的诠释。然后还需要讲解专业史的教师，选择《宋史·吕蒙正传》中的故事作为诠释感性材料，向学生们讲解“与人不求备，检身若不及”的内涵。原来，当吕蒙正升任参知政事，第一天上朝的时候，身边有一个官员用“这小子是参政？”这样的语气羞辱了他。正当吕蒙正的好友为此气愤不过而要追问那位官员的姓名寻求报复的时候，吕蒙正告诉自己的好友，不要问那位官员的姓名并很快忘掉了这件事。这是吕蒙正宽以待人的表现，即“与人不求备”的体现。[①] 由不同的教师运用不同的育人媒介去阐释“与人不求备，检身若不及”的育人效果，肯定会比一个教师，从一个方面，利用一种育人资源讲解习总书记引用这一典故育人效果要好许多。

第二个途径是以育人能力提升为契机，实现育人主体的协同。参与硕士研究生精准思政教育的每一个人都面临着育人能力提升的问题。利用这一途径，也能实现育人主体的协同。高校研究生导师多是通过遴选的办法诞生的。导师遴选过度看重教师的教科研能力的现实也在另一个层面上忽略了导师的思政素养。故而几乎所有的导师都面临着思政素养提升的问题。在提升自己思政素养的过程中，对他人育人经验的借鉴其实就是育人主体的隐性协同。如果再从被借鉴者的职责角度考虑，被借鉴的经验是思政辅导员的育人经验，那么这就是导师与辅导员间的协同；如果再从被借鉴者工作单位的角度思考，那么这里的育人主体协同，既有可能是校内育人主体间的协同，也有可能是校内外育人主体间的协同。因而，以提升个人育人能力为契机，可以实现育

① 中共中央宣传部，中央广播电视总台．平“语”近人——习近平总书记用典［M］．北京：人民文学出版社，2018：74.

人主体层面上的协同。

二、精准思政一体化为特点的精准思政教育方案

硕士研究生的精准思政教育具有承上启下的特点。向前看，硕士研究生的精准思政教育是继本科生的精准思政而来；向后看，硕士研究生的精准思政教育要为博士研究生学段的精准思政教育夯实基础。故而，针对硕士研究生而进行的精准思政教育应涉及育人一体化建设的问题。

（一）育人一体化——精准思政研究的学术空白

“育人一体化”至少可这样思考：首先，是不同学段育人的一体化。从小学到高中再到大学，每一个学段都有必要的育人课程设置，而这些课程的教学内容上是否存在着内容重复的问题，目前还未有明确的研究结论；其次，是不同育人课程的一体化建设。课程一体化建设依赖于教材一体化建设，而相对精准思政教育而言，目前还没有一部能够把精准思政教育理念体现得淋漓尽致的教材。再次，共时育人的一体化建设。“精准思政教育”中的“精准”在某种程度上依赖于备课的精准程度。然而学术界对此的关注程度还不够。即使在偌大的知网上，当我们以“精准思政教育”“高校”和“一体化”为关键词进行论文搜索的时候，可为我们提供参考的成果也很少。

精准思政教育理念指导下的“育人一体化”建设有可以借鉴的经验。首先，福建省南平市“思政课一体化建设研究工作室”的出现，引发我们对精准思政教育理论指导下的育人一体化及其相关问题的思考。“发挥南平市思政名师团队的领衔、示范、激励、凝聚和辐射作用，聚焦思政课教学目标，注重创新思政课教学方法，整合思政课协同育人资源，循序渐进、螺旋上升地开设思政课，真正使思政课成为各学段学生真心喜爱、终身受益的优秀课程。”[①] 引文对福建省南平市的“思政课一体化建设研究工作室”的学术引领

① 同心同向　贯通育人——记福建省南平市“思政课一体化建设研究工作室”［J］. 中学政治教学参考，2020（15）：106.

作用首先进行了总结。其中，“领衔、示范、激励、凝聚和辐射”体现于学术研究与思政教育实践里。从某种程度上讲，“一体化”是各学段育人资源的精准使用。当我们把中小学德育课堂使用过的资料再一次运用到研究生的课堂上，其不只是耽误了宝贵的育人时间，更消极的影响则是使我们的育人有失精准。中学的思政教育需要一体化建设，高中与大学的思政教育也需要一体化建设，特别是对研究生教育而言，本科生与硕士生、博士生之间的思想政治教育也需要一体化建设。

其次，相关的成果借鉴可使研究生学段的思政一体化教育快速变成现实。在本科生思政一体化建设的研究中，我们已取得丰硕的成果。《大中小学思想政治理论课一体化建设的核心议题辨析》一文的作者刘静重点分析了思政理论课一体化建设中的三个重点：为什么要回到体系本身并分析了一体化建设的核心议题以及如何通过高质量研究促进课程体系一体化建设的相关问题。[①] 在《统筹推进大中小学思政课一体化建设研究——学习习近平总书记在学校思想政治理论课教师座谈会上的重要讲话精神笔谈》一文中，经过众人的讨论，与会者明确了“一体化”的内涵及其必须遵循的规律、“一体化”建设的机制、“一体化”建设的内容等诸多现实问题。[②] 从这些不完全的列举里，我们可以发现探讨硕士研究生学段与其他学段的思政教育一体化问题已具备了理论基础。

（二）育人一体化——精准思政教育必须面对的挑战与契机

育人一体化是硕士研究生精准教育所面对的挑战，也是硕士研究生思政教育改革前所未有的契机。

---

① 刘静．大中小学思想政治理论课一体化建设的核心议题辨析［J］．思想理论教育，2021（12）：69—74.

② 卢黎歌，耶旭妍，王世娟，李梁，刘翔宇，万美容，陈迪明，隋牧蓉，张康军，訾艳阳．统筹推进大中小学思政课一体化建设研究——学习习近平总书记在学校思想政治理论课教师座谈会上的重要讲话精神笔谈［J］．北京工业大学学报（社会科学版），2020，20（01）：9—25.

首先，作为一种挑战，硕士研究生的精准思政教育视角下的育人一体化理论研究与育人实践都是一种空白。从实践尝试的角度讲，以硕士研究生为对象的育人一体化实践需要理论的把握，可惜的是还没有一篇或一部可以用于指导其育人一体化的成果可供参考。从理论研究的视角看，理论的形成需要一定实践的支撑。然而可惜的是，目前的育人实践中，我们还很难瞥见其模糊的身影。因而说，无论是对此进行理论层面上的探讨，还是对其实践上的总结，都是一个颇具挑战的话题。

其次，育人一体化是研究生思政教育改革的契机。因为，随着这一课题研究的展开，许多有关硕士研究生育人的问题都会得到解决。其中包括硕士研究生育人内容与本科生、博士生育人如何衔接的问题，其中包括硕士研究生精准思政教育所必须面对的育人内容选择、育人方法选择、思政教材修订等问题，都将会在这一课题的研究中得到解决。尤其是落实习总书记提出的统筹推进大中小学思政课建设的理念，更需要这一课题的充分研究。

第四节　博士研究生的精准思政教育方案

博士研究生的精准思政教育是最后一个需要探讨的话题。作为最高学段的精准思政教育，我们应该如何设计这一学段的实施方案呢？回答这个问题，我们需要思考如下两个方面的问题。

一、博士研究生精准思政教育前提与思路

明确博士生精准思政教育的前提与确定博士研究生的精准思政实施思路是我们探讨、制定方案的基础。

（一）博士生精准思政教育的前提

博士生的精准思政教育是基于其已具备素养与理论知识和实践能力为前提的育人实践。首先，博士生在其先前的学习中掌握了哪些思政理论知识与其具备怎样的实践能力，这是精准思政的着力点。

博士生的思政教育可简要地一分为二，即理论教学与实践教学两部分。精准思政教育的着力点到底应该集中到理论教学还是实践教学上呢？这取决于我们对两者关系的认识。为此，我们必须首先区分理论教学与实践教学之间的主次关系。研究生理论教学与实践教学的关系，有人给出了这样的总结：掌握理论才能应用理论。① 据引文可知，虽然在育人实践中要理论教学与实践教学并重，但理论学习还是在某些方面、某种程度上要优于实践教学。这并不是否认实践是检验理论的唯一标准，更不是否认实践教学的重要性，特别是博士生的育人实践里，实践教学更应得到前所未有的强化。但这种强化的

① 杨虹，靳帅帅．论研究生思政课中理论教学与实践教学的关系［J］．学校党建与思想教育，2021（22）：58—60.

前提却不是因为重视实践教学而挤压理论教学的时间。

其次，博士生思政教育中的理论教学与实践教学的界限是很难区分的。理论教学中有实践教学，实践教学中亦有理论教学，因此，如何区分两者的界限，事关我们如何界定博士生的理论教学与实践教学以及后续对精准思政教育方案的制定。换而言之，只有明确理论教学与实践教学的界限，我们的思政教学才能在不越界的前提下，使理论教学与实践教学分别得到应有的强调。这才是习近平总书记强调的理论与实践的统一，主导性与主体性的统一、灌输性与启发性的统一。[①]因而若没有对理论教学与实践教学的区分，理论教学与实践教学的整合也相对较难。故而有研究者说：如何在保持二者相对独立性的同时发挥合力是研究生思政课教学过程中需要解决的难题。[②]

（二）博士生精准思政教育的思路

博士生精准思政教育的思路应该是这样的：满足博士生精准思政教育需求前提下的育人一体化实践。

首先，博士生的思政需求与硕士生、本科生已有明显的不同。这主要表现为博士生对方法论的掌握需求。思政教育实践中，我们除了学习马克思主义的理论内容，还要学习马克思主义的方法论。正因为如此，我们才会在学习了《曾子杀彘》的故事后，知晓如何培养孩子诚信的方法。因为，“曾子之妻之市，其子随之而泣”故事不会在我们现代的生活中重演。所以我们培养孩子的诚信，也不必非得要效仿曾子以杀猪的方式进行诚信教育。因此，从方法论的层面理解马克思主义与其他哲学流派不同，与其通过识记理论体系的方式相比，更具育人效果。就如学习“意识对物质具有能动作用”原理的学习一样，停滞在识记“意识能够正确反映客观事物；意识能够反作用于

① 习近平．思政课是落实立德树人根本任务的关键课程（2019年3月18日）[M]．北京：人民出版社，2020：20—23.

② 杨虹，靳帅帅．论研究生思政课中理论教学与实践教学的关系［J］．学校党建与思想教育，2021（22）：58—60.

客观事物（正确的意识促进事物的发展；错误的意识阻碍事物的发展）”层面上，远不如在方法论的层面上，重视意识的作用，重视精神的力量，树立正确意识，克服错误意识重要。

其次，博士生的思政教育应该在育人一体化的前提下进行构建与完善。即，要以硕士生所接受的思政理论教育为基础，着眼于课程体系设置，从课程内容的编排上与育人目标的构成上，呈现出递进式的编排特点。立足于理论知识的学习，更要重视、强化方法论的把握。结合他们的论文写作，有针对性地体现出育人主体层面上的精准协同，在关注学术性、认同性的基础上，把思政教育的着力点集中到立德树人效果的提升上。如果对此再进行深一步的概括，那么思政课程的递进性设计是基础，教学上递进性安排是重要的育人手段，学术研究与思政教育的协同则是育人的主要途径。育人效果的递进性追求为终极目标，如此才能实现博士精准思政教育的一体化建设。

二、博士研究生的精准思政教育方案

基于上述对博士生精准思政教育前提总结与实施思路的分析，我认为新时期博士生的精准思政教育方案应该是着眼于思政教育一体化构建的需要，以需求为核心的问题导向，以育人理论成果传承为指导下的育人实践。

（一）以思政的一体化建设为原则的育人方案

如果仅就博士生的思政而谈及其精准思政教育的相关问题，那我们的育人视角势必过于狭隘。从学段上讲，博士生上承硕士生的思政教育，彼此之间并非截然分开的。硕士生时期的思政教育效果直接影响到博士生期间的思政教育。从思政教育材料的来源上讲，传统文化的精髓仍然是我们向博士生进行思政教育的重要资源。因而，硕士生与博士生一脉相承的思政教育，势必会衍生出一体化建设的问题。

2010 年，经中央同意，中宣部、教育部印发《关于高等学校研究生思想政治理论课课程设置调整的意见》，决定在硕士研究生阶段开设一门必修课“中国特色社会主义理论与实践研究”，从“自然辩证法概论”“马克思主义与社会科学方法论”两门课中选择一门作为选修课；在博士研究生阶段开设一门必修课“中国马克思主义与当代”，开设一门选修课“马克思恩格斯列宁经典著作选读”。新方案课程门数和学时做了调整；不分文理专业，有利于学科交叉、文理渗透；开设选修课程，突出了学生的自主性；既保持了连续性又避免了内容简单重复。至此，形成了从专科、本科到硕士、博士研究生等不同层次相互衔接、梯次推进，内容更加科学、结构更加合理的高校思想政治理论课课程体系。①

细读引文可发现，博士生思政教育一体化建设早已在教育部的部署中悄然进行着，尽管还未引起众多研究者的关注，但课程设置的初衷里，思政课程设置的目的中，都可瞥见一体化建设的身影。特别是引文中“保持了连续性又避免了内容简单重复”这样的表述以及“专科、本科到硕士、博士研究生等不同层次相互衔接”这样的设计，都使我们更加坚信了自己的判断。

（二）以需求为核心的问题导向方案

“问题导向”更容易使传统思政教育蜕变成精准思政教育，这是一个不争的事实。然而，“问题导向”中“问题”从何而来呢？我们认为其来源有三：

首先，思政教育学习的需求——方法论的掌握与运用方案。如果说硕士生阶段的马克思主义与社会科学方法论”“自然辩证法概论”这两门课程的学习意在引导学生把握马克思主义方法论的理论知识，那么博士生阶段的“马克思恩格斯列宁经典著作选读”的学习则旨在强化博士生对马克思主义方法的运用与实践。设置这门课程的目的之一就是“帮助博士生学习马克思主义

① 全面高质量实施研究生思政课新方案——访教育部社会科学司负责人，http：//www.moe.gov.cn/jyb_xwfb/s271/201209/t20120920_142521.html.

原理，深化对当代马克思主义的理解和掌握”。“当代马克思主义”有两个层面上的表现：一是在马克思主义中国化过程中产生的新理论成果，如毛泽东思想、中国特色社会主义理论体系、习近平新时代中国特色社会主义思想；另一就是在马克思主义理论指导下所取得的物质成就。而深究这两种成就的取得原因，我们就会发现，这是运用马克思主义方法论解决中国建设中所遇到的各种问题的必然结果。故而说，对于博士生的思政教育而言，掌握马克思主义的方法论是最为重要的。

其次，博士生的就业需求——后备教师思政素养的培育方案。去高校做教师是大多数博士生的就业选择。除了马克思主义理论学科博士生之外，还有许多专业的博士生也都去高校做了教师。无论是思政理论课的教师，还是其他专业课的教师，这些博士生都面临着思政素养的提升需求。“按照思政优质后备教师的素质要求，重视做好博士生的实践训练设计与实施，提升其实践能力。”[①]——这理应是精准思政教育必须满足博士生的就业需求。

再次，教研需求——现实问题的解决方案。“精准思政教育”中的“精准”应该是对现实育人问题的解决。在精准思政教育中先解决什么样的问题，这是由其影响育人效果的大小而决定的。毕竟，只有抓住主要问题，才能解决主要矛盾。“在2021级研究生新生中，整体男女比例约为1.33 ∶ 1。其中硕士生男女比例约为1.26 ∶ 1，博士生男女比例约为1.56 ∶ 1。”[②] 从引文上海交通大学的统计数据可知，女性博士的思政教育问题理应成为一个新研究课题，无论研究者是不是在读的博士生，研究者都对女博士生的精准思政教育问题给予特别的关注。“博士研究生中的女博士是一个少数群体，因此也是个相对容易忽视的思想政治教育群体目标，要立足女博士研究生工作实际情况，着眼于女博士研究生的科研和生活中存在的困难和问题，站在女博士

① 卢黎歌．论思想政治理论课后备教师素质培养——以马克思主义理论学科博士生为研究对象［J］．北京工业大学学报（社会科学版），2019，19（05）：95—101.

② 上海交通大学2021年共录取1万多名研究生，男女比例并非传闻那样！ https：//baijiahao.baidu.com/s?id=1711300901109805977&wfr=spider&for=pc.

研究生的角度来思考其思政工作的有效途径。”① 从另一个角度看，以女博士生为对象的有效的思政工作，那也是以博士生为对象的精准思政教育实践。

（三）以育人理论成果传承为指导的育人实践

以博士生为对象的精准思政教育，其实就是对育人成果的传承实践。以现有的理论成果为指导，依托具体的育人实践及其经验总结去完善与创新育人体系。为了了解“马克思主义经典原著选读”这门课程的学习情况，研究者曾以调查问卷的方式对上海交通大学 2019 级的 530 名博士生进行了调查，最终得出了这样的结论：整体来看，学生们在本课程学习中有较好的阅读和学习体验，但如何在思想政治课教学中加强人文关怀以提升学生的获得感、从知情意行方面进一步提高其政治和道德素养仍需持续探索。② 在解决引文所述问题的过程中，传统的育人理论不仅会得到完善，而且也会诞生新的理论成果。故而我们博士生的精准思政教育方案里应有育人理论传承的内涵。

---

① 朱彦彦，叶定剑，李琦，何潇，王浩哲，陈华栋．女博士研究生思想政治教育探究［C］// 中国学位与研究生教育学会德育委员会第九届学术年会论文集，2014：324—330.

② 刘俊香，郭旭芳，高川，张旭平，何仲．北京协和医学院思想政治理论课教学改革探究［J］．基础医学与临床，2020，40（06）：851—855.

结 论

新时期大学生的精准思政教育是一个思政教育改革的热点。以精准思维审视目前思政教育中存在的问题并发现其需要完善与改革的地方，这是我们本次探究的缘起。新时期必然有新的育人需求；新时期必然有新的教改理念。为此，我们必须在精准思维的理念指导下，反思我们的育人实践；精准育人，这是高校育人的实践，也是有待于深入思政的科研话题。在精准思维的审视下，不只是高校育人场域有许多问题亟待解决，而且还有不同育人场域间协同的问题有待思考。俗话说：“十年树木，百年树人。”任何一个人的任何一个成长阶段都需要面对精准思政的问题。习近平教育思想是指导新时期高校大学生的精准思政教育实践的重要理论。为此，在深入理解与把握习近平教育思想理论精髓的基础上，我们才能开展大学生精准思政教育的相关问题探讨。其中包括习近平教育思想的理论渊源、体系构成等诸多问题。

“精准思政教育”中的“精准”是对育人效果的追求。“精”意指运用恰到好处的育人材料完成艰巨的育人任务，因而这是省时高效的育人实践：“准”是育人供需平衡的实践。教之供与学之需的完美匹配，这才是“精准思政”最高的理想境界。为了实现这样的育人追求，我们需要古今育人理论的协同，需要古今育人资源的开发。需要在此基础上，把握精准思政教育的构成要素，明确精准思政的管理，实现精准思政的优化。精准思政是一次继往开来的育人实践。总结传统育人的理论资源，开发传统育人实践里的案例资源，反思传统育人的实践案例，才能积极实施以精准思政为特点的育人改革，其中包括育人途径的拓展、模式的构建、成果的共享与育人经验的总结与传承。精准思政教育是一项体系化的构建。不仅需要对其育人实践问题进行系列化的探讨，而且还要对其评估体系的相关问题进行科学的探讨。从评估标准到评估方式再到评估过程的设计与评估结果的反馈与应用，圆满解决了这些问题之后，精准思政教育的育人价值才能得到淋漓尽致地彰显。精准思政教育，从理念到实践的过程是在育人方案的制订与实践中实践的。为此，我们要乘着思政教育一体化建设的东风，从设计大专生的精准思政教育方案开始，探讨到博士研究生的精准思政教育方案的结束。唯有如此，才能实现各学段精准思政教育的一体化建设。精准思政是一项育人理念，也是一项育人实践。因而，精准思政理论体系的构建有赖于精准思政教育实践的开展；因而，精准思政实践的开展又需要我们运用精准思维对传统育人实践的审视与反思。如果说，“精准思政教育”里的“精准”是育人效果的终极追求，那么“协同”就是实现这一效果的唯一途径——因而，把握“精准”与“协同”的联系，确认“协同”所必需的要素，这将是实施精准思政教育的着力点。

参考文献

（一）期刊及硕博论文

[1] 操菊华，陈薇 . 党史教育精准融入高校思政课教学探究 [J]. 学校党建与思想教育，2021（21）.

[2] 陈慧军，平章起 . 论新时代精准思想政治教育的逻辑向度 [J]. 学术论坛，2019，42（05）.

[3] 陈琳，李艳，卢利聃，夏雪娇，何盈 . 新时代研究生意识形态教育面临的挑战及其应对思路 [J]. 教育与教学研究，2021，35（12）.

[4] 崔戈 ."大思政"格局下外语"课程思政"建设的探索与实践 [J]. 思想理论教育导刊，2019（07）.

[5] 崔建西 . 论人工智能时代思想政治教育的"变"与"不变" [J]. 思想教育研究，2021（05）.

[6] 崔晓丹 . 大学生思想政治教育主渠道与主阵地协同研究 [D]. 北京科技大学，2021.

[7] 戴海容 . 精准思政视角下新时代高职院校"四史"教育路径论析 [J]. 学校党建与思想教育，2021（01）.

[8] 邓喆 . 高校马克思主义理论研究学生因材施教计划的探索与实践——以清华大学"林枫计划"为例 [J]. 思想理论教育导刊，2020（06）.

[9] 丁雪梅，逄大欣，白春艳，张晓君，唐明祥，徐向红，席景会，单晓辉，包国章，张晶，董英男，丁洪浩，孙博兴 . 动物科学专业本科生实验教学"三位一体"育人模式的研究 [J]. 黑龙江畜牧兽医，2021（21）.

[10] 董文芳 . 习近平的思想政治教育观：内容、特点、价值 [J]. 山东

社会科学，2017（6）.

［11］董卓宁．运用学生大数据提升高校思想政治工作精准度［J］．思想理论教育，2018（04）.

［12］段立国．大数据背景下高校精准思政工作的 SWOT 分析及策略建构［J］．马克思主义理论学科研究，2021，7（08）.

［13］范小青．红色资源“精准供给”高校思政课的三重逻辑［J］．广西青年干部学院学报，2021，31（05）.

［14］高锡文．基于协同育人的高校课程思政工作模式研究——以上海高校改革实践为例［J］．学校党建与思想教育，2017（24）.

［15］龚志军，牛玉萍．习近平青年思想政治教育思想理论渊源探究［J］．长沙航空职业技术学院学报，2018，18（02）.

［16］顾海良．新时代高校思想政治教育的理论指导和发展理念——学习习近平新时代中国特色社会主义思想［J］．思想理论教育导刊，2018（01）.

［17］郭瑞．习近平思想政治工作理念探析［J］．思想政治教育研究，2017（8）.

［18］韩孟洁，李后强．精准供给视域下长征精神融入研究生思政教育的路径探究［J］．毛泽东思想研究，2021，38（05）.

［19］韩新明．中国高等教育军民融合协同育人的现状、问题与对策［J］．西南科技大学学报（哲学社会科学版），2019，36（01）.

［20］何萍．黑格尔的否定概念与马克思的否定概念——从精神现象学到实践哲学［J］．天津社会科学，2021（05）.

［21］何琦．音乐院校研究生英语课程思政教学的实践路径［J］．继续教育研究，2021（11）.

［22］胡作友，张小曼．《文心雕龙》英译，一个文化的思考［J］．学术界，2010（09）.

［23］蒋红，陈娜．高校思想政治理论课“实践导向型”双主体教学模式探析［J］．思想教育研究，2013（02）.

［24］教育部．教育部颁布《教育部关于印发〈高等学校课程思政建设指导纲要〉的通知》［EB/OL］．（2020-05-28）［2021-08-01］.http：//www.gov.cn/zhengce/zhengceku/2020-06/06/content_5517606.htm?ivk-sa=1023597a

［25］教育部关于进一步加强和改进研究生思想政治教育的若干意见［R］．教思政〔2010〕11 号文．

［26］李朝静，奚社新，叶菁．论全媒体背景下研究生思想政治教育“三位一体”模式——以东南大学为例［J］．学位与研究生教育，2017（08）．

［27］李峰．大学生政治成长的内涵、价值与培育路径［J］．广东技术师范大学学报，2021，42（02）．

［28］李国娟．课程思政建设必须牢牢把握五个关键环节［J］．中国高等教育，2017（15）．

［29］李镭．《论语》中的孝道思想及其时代价值探讨［J］．中学政治教学参考，2019（06）．

［30］李枭鹰，郭新伟，符艺．高职教材的整体生成：内涵、界位、要素和原则［J］．现代教育管理，2021（10）．

［31］廉梅花，李艳，韩德昌，王嗣淇，董秋鹏．“生态修复技术”研究生课程思政实践途径探究［J］．科技与创新，2020（23）．

［32］刘承昊，华表，丁威．高校思想政治理论课“因材施教”典型创新案例研究——基于清华大学思想政治理论课教学实践创新［J］．北京教育（德育），2018（11）．

［33］刘俊香，郭旭芳，高川，张旭平，何仲．北京协和医学院思想政治理论课教学改革探究［J］．基础医学与临床，2020，40（06）．

［34］刘力波，黄格．大中小学思政课教材一体化建设面临的问题及破解路径［J］．马克思主义与现实，2020（02）．

［35］刘绪平．精准思政：大数据时代高校思政教育的新理念［J］．佳木斯大学社会科学学报，2021，39（04）．

［36］刘洋．《傅雷家书》教育思想与艺术魅力简论［D］．河南大学，

2011.

［37］刘洋．运用大数据提升高校思想政治理论课教学实效的反思［J］．思想理论教育，2021（11）．

［38］卢黎歌，耶旭妍，王世娟，李梁，刘翔宇，万美容，陈迪明，隋牧蓉，张康军，訾艳阳．统筹推进大中小学思政课一体化建设研究——学习习近平总书记在学校思想政治理论课教师座谈会上的重要讲话精神笔谈［J］．北京工业大学学报（社会科学版），2020，20（01）．

［39］卢黎歌．论思想政治理论课后备教师素质培养——以马克思主义理论学科博士生为研究对象［J］．北京工业大学学报（社会科学版），2019，19（05）．

［40］卢玲珠，沈佳楠．基于学科育人的高职专业课程思政融合路径探索——以个人理财课程为例［J］．安徽电子信息职业技术学院学报，2021，20（05）．

［41］马铭，齐乐，丁云哲，赵玉鹏．研究生网络思政育人阵地建设研究［J］．教育观察，2021（10）．

［42］潘治．高校实施精准思政：价值·困境·路径［J］．中学政治教学参考，2021（20）．

［43］盘科文．习近平青年教育思想研究［D］．华中师范大学，2018.

［44］戚静．高校课程思政协同创新研究［D］．上海师范大学，2020.

［45］秦惠民，覃云云．学习贯彻新修订教育法努力开创教育事业新局面——《教育法》修订学习研讨会观点综述［J］．中国人民大学教育学刊，2021（03）．

［46］冉亚辉．习近平总书记关于教师队伍建设重要论述的理论特质论析［J］．教育理论与实践，2020，40（13）．

［47］石书臣．正确把握“课程思政”与思政课程的关系［J］．思想理论教育，2018（11）．

［48］史巍．论以“课程思政”实现协同育人的关键点位及有效落实［J］．学

术论坛，2018，41（04）.

［49］宋德孝.供给侧视角下高校思想政治理论课教学与大学生精神需求的精准化对接［J］.思想教育研究，2020（02）.

［50］宋国庆.中国古代文学史“课程思政”协同育人形式探析［J］.长春师范大学学报，2021，40（11）.

［51］苏国红，李卫华，吴超.习近平“立德树人”教育思想的主要内涵及其实践要求［J］.思想理论教育导刊，2018（03）.

［52］索春艳，张耀灿.习近平思想政治教育主导性思想研究［J］.学校党建与思想教育，2017（05）.

［53］汪信砚.习近平新时代中国特色社会主义思想的哲学基础研究述评［J］.武汉大学学报（哲学社会科学版），2018（71）.

［54］王鉴，姜纪垒.“立德树人”知识体系的百年演进及其经验总结［J］.东北师大学报（哲学社会科学版），2020（06）.

［55］王鉴，姜纪垒.中国共产党立德树人教育思想的百年历程与基本经验［J］.教育研究，2021，42（07）.

［56］王群瑛.把立德树人作为教育的根本任务［J］.中国高校社会科学，2018（06）.

［57］王学俭，阿剑波.习近平新时代青年教育思想及其价值旨归［J］.思想教育研究，2018（08）.

［58］王学俭，石岩.新时代课程思政的内涵、特点、难点及应对策略［J］.新疆师范大学学报（哲学社会科学版），2020（02）.

［59］王志军，余烨邦，余昶.高校党建思政工作引领学科建设的对策研究——基于学科评估的视角［J］.浙江工业大学学报（社会科学版），2021，20（02）.

［60］韦诗业，李素芬.新时代思政课程与课程思政协同育人机制构建研究［J］.学校党建与思想教育，2021（20）.

［61］吴满意，景星维.精准思政：内涵生成与结构演化［J］.学术论坛，

2019，42（05）.

［62］吴满意，王丽鸽．从精准到智慧：思想政治教育创新发展的根本态势分析［J］．马克思主义与现实，2019（04）.

［63］吴云志，刘根旺．习近平青年理想信念重要论述研究综述［J］．思想理论教育导刊，2019（09）.

［64］习近平．在纪念五四运动100周年大会上的讲话［N］．人民日报，2019-05-01（2）.

［65］肖琼，黄国文关于外语课程思政建设的思考［J］．中国外语，2020（05）.

［66］邢和祥．关于高校校友会党建工作的思考［J］．学校党建与思想教育，2021（22）.

［67］徐艳国．以精准思维深入推动新时代高校思政改革［J］．中国高等教育，2019（1）.

［68］鄢显俊．论高校“课程思政”的“思政元素”、实践误区及教育评估［J］．思想教育研究，2020（02）.

［69］杨虹，靳帅帅．论研究生思政课中理论教学与实践教学的关系［J］．学校党建与思想教育，2021（22）.

［70］杨鹏举．“二十四孝”传播研究［D］．河北师范大学，2020.

［71］杨志成．中国特色社会主义教育学理论体系发展的新境界——习近平教育思想研究［J］．中国教育学刊，2017（05）.

［72］张茜．大思政视域下高校“十大”育人体系整体建构研究［D］．华中师范大学，2019.

［73］张潇月．新时代高校精准思政的线上线下实践路径［J］．湖北开放职业学院学报，2021，34（20）.

［74］张忠华．论传统德育方法论思想的现代价值［J］．高校教育管理，2008（06）.

［75］赵爱玲．党的十八大以来习近平青年思想政治教育思想研究综述

[J]. 学校党建与思想教育，2017（06）.

[76] 赵红灿，周远 . 高校精准思政体系构建的复杂性范式转换 [J]. 思想教育研究，2021（11）.

[77] 赵雪江 . 道德教育因材施教的聚材研究 [D]. 东北师范大学，2006.

[78] 郑南希 ."精准思政"视域下大学生融媒体导向机制研究 [J]. 福建教育学院学报，2021，22（10）.

[79] 郑永廷 . 把高校思想政治工作贯穿教育教学全过程的若干思考——学习习近平总书记在全国高校思想政治工作会议上的讲话 [J]. 思想理论教育，2017（01）.

[80] 中共中央办公厅、国务院办公厅 . 关于深化新时代学校思想政治理论课改革创新的若干意见 [Z].2019-8-14.

[81] 刘静 . 大中小学思想政治理论课一体化建设的核心议题辨析 [J]. 思想理论教育，2020（12）.

（二）专著类文献

[1] 习近平 . 在庆祝中国共产党成立 100 周年大会上的讲话（2021 年 7 月 1 日）[M]. 北京：人民出版社，2021.

[2] 习近平 . 在党史学习教育动员大会上的讲话（2021 年 2 月 20 日）[M]. 北京：人民出版社，2021.

[3] 陈华栋等 . 课程思政：从理念到实践 [M]. 上海：上海交通大学出版社，2020.06.

[4] 王英龙，曹茂永 . 课程思政——我们这样设计（人文社科类）[M]. 北京：清华大学出版社，2020.

[5] 王英龙，曹茂永 . 课程思政——我们这样设计（理工类）[M]. 北京：清华大学出版社，2020.

[6] 习近平 . 思政课是落实立德树人根本任务的关键课程（2019 年 3 月

18日）［M］. 北京：人民出版社，2020.

［7］十九大以来重要文献选编（上）［M］. 北京：中央文献出版社，2019.

［8］习近平. 在北京大学师生座谈会上的讲话（2018年5月2日）［M］. 北京：人民出版社，2018.

［9］十八大以来重要文献选编（下）［M］. 北京：中央文献出版社，2018.

［10］马克思主义基本原理概论［M］. 北京：高等教育出版社，2018.

［11］习近平谈治国理政（第二卷）［M］. 北京：外文出版社，2017.

［12］中国共产党第十九次全国代表大会上的报告［M］. 北京：人民出版社，2017.

［13］十八大以来重要文献选编（中）［M］. 北京：中央文献出版社，2016.

［14］习近平总书记系列重要讲话读本［M］. 北京：学习出版社，2016.

［15］薛娟. 高校德育资源的现实样态与实践重构［M］. 北京：科学出版社，2016.

［16］高文兵. 跨学科协同教育研究［M］. 北京：高等教育出版社，2015.

［17］教育部思想政治工作司. 加强和改进大学生思想政治教育重要文献选编（1978—2014）［M］. 北京：知识产权出版社，2015.

［18］习近平谈治国理政（第一卷）［M］. 北京：外文出版社，2014.

［19］十八大以来重要文献选编（上）［M］. 北京：中央文献出版社，2014.

［20］赵新峰. 协同育人论［M］. 北京：人民出版社，2013.

［21］张炜. 学术组织再造：大学跨学科学术组织的成长机制［M］. 杭州：浙江大学出版社，2012.

［22］普通高校思想政治理论课文献选编（1949—2008）［M］. 北京：

中国人民大学出版社，2008.

[23] 肖峰 . 论科学与人文的当代融通 [M] . 南京：江苏人民出版社，2001.

[24] 邱伟光，张耀灿 . 思想政治教育学原理 [M] . 北京：高等教育出版社，1999.

[25] 中共中央宣传部，中央广播电视总台 . 平“语”近人——习近平总书记用典 [M] . 北京：人民文学出版社，2018.

[26] 中共中央文献编辑委员会 . 毛泽东著作选读 [M] . 北京：人民出版社，1986.

[27] 张耀灿，陈万柏 . 思想政治教育学原理 [M] . 北京：高等教育出版社，2001.

[28] 原爱民 . 资治通鉴译评 [M] . 太原：山西人民出版社，2013.

[29] 杨伯峻 . 孟子译注 [M] . 北京：中华书局，2000.

[30] 杨伯峻 . 论语译注 [M] . 北京：中华书局，2006.

[31] 习近平谈治国理政 [M] . 北京：外文出版社，2014.

[32] 习近平党校十九讲 [M] . 北京：中共中央党校出版社，2015.

[33] 王礼湛 . 思想政治教育学（修订版）[M] . 杭州：浙江大学出版社，2001.

[34] 王安石著 . 刘成国校对 . 王安石文集 [M] . 北京：中华书局，2021.

[35] 谈松华，陈芙泉 . 大学思想政治教育简史 [M] . 上海：上海交通大学出版社，1988.

[36] 宋濂 . 宋濂全集 [M] . 北京：人民文学出版社，2014.

[37] 司马迁著，李翰文编 . 史记 [M] . 北京：北京联合出版公司，2016.

[38] 石云霞 . 高校思想政治理论课程建设史研究 [M] . 武汉：武汉大学出版社，2006.

[39] 十八大以来重要文献选编 [M]. 北京：中央文献出版社，2014.

[40] 倪敏达.《礼记·学记》的教育智慧：《礼记·学记》细讲 [M]. 北京：中国华侨出版社，2016.

[41] 共青团中央，中共中央文献研究室. 毛泽东邓小平江泽民论青少年和青少年工作（修订本）[M]. 北京：中国青年出版社，中央文献出版社，2003.

[42] 鲁迅. 鲁迅全集 [M]. 北京：中国文史出版社，2020.

[43] 刘书林. 思想政治教育学原理专题研究纲要 [M]. 北京：人民出版社，2018.

[44] 刘传德. 外国教育家评传 [M]. 北京：北京师范大学出版社，2006.

[45] 教育部思想政治工作司组编. 加强和改进大学生思想政治教育重要文献选编（1978—2014）[M]. 北京：知识产权出版社，2007.

[46] 谷照亮. 个性化学习视域下大学生思想政治教育创新研究 [M]. 成都：四川大学出版社，2020.

[47] 傅雷，朱梅馥，傅聪著，傅敏编. 傅雷家书 [M]. 南京：译林出版社，2018.

[48] 段中桥. 建国以来普通高校马克思主义理论课和思想品德课程设置及教学内容历史沿革资料汇编（上编）[M]. 北京：高等教育出版社，2004.

[49] 程颢，程颐. 二程遗书 [M]. 上海：上海古籍出版社，2000.

[50] 陈秉公. 思想政治教育学 [M]. 长春：吉林大学出版社，1992.

[51] 习近平. 决胜全面建设小康社会　夺取新时代中国特色社会主义伟大胜利——在中国共产党第十九次全国代表大会上的报告 [M]. 北京：人民出版社，2017.

[52] 思想政治教育学原理编写组. 思想政治教育学原理 [M]. 北京：高等教育出版社，2018.

[53] 中国大百科全书编委会. 中国大百科全书·教育 [M]. 北京：中

国大百科全书出版社，1985.

［54］陈万柏，张耀灿．思想政治教育学原理（第三版）［M］．北京：高等教育出版社，2015.

［55］白显良．隐性思想政治教育基本理论研究［M］．北京：人民出版社，2013.

［56］王明建，江涛．学校课程体系建设的理论与实践研究［M］．北京：中国社会科学出版社，1985.

［57］欧内斯特·L．博耶著，涂艳国，方彤译．关于美国教育改革的演讲［M］．北京：北京教育出版社，2002.